AFRIQUE, LE CONTINENT PILLÉ

Etudes Africaines

Collection dirigée par Denis Pryen et François Manga Akoa

Dernières parutions

Stéphane SCRIVE, *La crise de la démocratie en Afrique*, 2009.

Henriette MANGA NDJIE BINDZI MBALLA, *Les Pygmées face à l'école et à l'État*, 2009.

Serge Armel ATTENOUKON, *L'Afrique : poubelle de l'Occident ? La gestion des déchets dangereux*, 2009.

Cédric ONDAYE, *Comprendre les enjeux bancaires en Afrique Centrale*, 2009.

Laurier Yvon NGOMBE, *Le Droit d'auteur en Afrique*, 2009.

Roger KAFFO FOKOU, *Cameroun : liquider le passé pour bâtir l'avenir*, 2009.

André YABA, *Proverbes et idiotismes de sagesse des Bandzèbi. Gabon – Congo-Brazzaville*, 2009.

Ferdinand BAKOUP, *L'Afrique peut-elle gagner sa place dans la mondialisation ?*, 2009.

Bernard TCHIMBAMBELELA, *Le commerce mondial de la faim. Stratégie de rupture positive au Congo-Brazzaville*, 2009.

Essè AMOUZOU, *Pauvreté, chômage et émigration des jeunes Africains. Quelles alternatives ?*, 2009.

Damien MEKPO, *Pour une économie centrée sur l'Homme en Afrique*, 2009.

Momar CISSÉ, *Parole chantée et communication sociale chez les Wolof du Sénégal*, 2009.

Mamadou Aliou BARRY, *L'armée guinéenne. Comment et pour quoi faire ?*, 2009.

Papa Ibrahima DIALLO, *Les Guinéens de Dakar : migration et intégration en Afrique de l'Ouest*, 2009.

Jules Kouassi ADJA, *Evangélisation et colonisation au Togo : conflits et compromissions*, 2009.

Albert MOUTOUDOU, *Le retard des intellectuels africains : l'exemple du Cameroun*, 2009.

Charles GUEBOGUO, *Sida et homosexualité(s) en Afrique. Analyse des communications de prévention*, 2009.

Maïkoréma ZAKARI, *L'islam dans l'espace nigérien*, tomes 1 et 2, 2009.

Pierre BAMONY, *Des pouvoirs réels du sorcier africain*, 2009.

Elie Sadigh

AFRIQUE, LE CONTINENT PILLÉ

Atouts, handicaps, perspectives et propositions

L'Harmattan

Fidèle à sa volonté de maintenir vivant l'ensemble du catalogue et de continuer à rendre accessible à tous la richesse de son contenu, Les marques du groupe L'Harmattan proposent les ouvrages, même s'ils sont épuisés dans leur premier tirage, et les impriment à la demande.
Au vu de l'ancienneté de ce titre, un exemplaire original a été numérisé pour être réimprimé, ce qui pourrait altérer légèrement la qualité de certains passages.

5-7, rue de l'Ecole polytechnique, 75005 Paris

http://www.librairieharmattan.com
diffusion.harmattan@wanadoo.fr
harmattan1@wanadoo.fr

ISBN : 978-2-296-10561-4
EAN : 9782296105614

A mes amis et étudiants africains

Avant-propos

Dans mes ouvrages précédents, j'ai marqué les limites de la théorie actuellement dominante et dénoncé les conséquences néfastes de l'application des propositions des auteurs de ce courant de pensée, j'ai mis en valeur les apports des analyses classiques et keynésiennes, tout en démontrant leurs insuffisances. Grâce à une analyse rationnelle j'ai établi les principes de l'économie artisanale, de l'économie salariale et de l'économie internationale et j'ai démontré que de ces principes découlent des règles dont le respect garantit le fonctionnement normal, harmonieux, de ces trois types d'économies.

Il m'a semblé cependant qu'il était également nécessaire de mettre en application, à travers des ouvrages plus courts et plus concrets, les résultats établis dans les précédents ouvrages. Je livre donc le sixième ouvrage[1] de cette série.

[1] Le premier étant : « *Délocalisations, chômage : les remèdes* », le deuxième : « *Organisation Mondiale du Commerce : la supercherie* », le troisième : « *Des inégalités économiques aux inégalités sociales : Propositions pour un monde plus juste* », le quatrième : « *Le Développement durable et équitable* », le cinquième : « *Economie politique et politique économique* ».

Introduction générale

Malgré la diversité de leurs ressources humaines et naturelles les pays africains sont, dans leur ensemble, potentiellement riches, immensément riches. Mais ils continuent à être considérés comme des pays sous-développés ou en voie de développement, certains restant placés parmi les plus pauvres de la planète. Il convient donc de savoir pour quelles raisons ces pays ne sont pas parvenus à mettre en valeur leurs richesses pour entrer dans une véritable phase de développement, ce qui leur aurait permis d'écarter les principales causes de la misère qui frappe une bonne partie de leur population.

Ecartons d'emblée une raison ou une excuse avancée par certains auteurs et hommes politiques : la colonisation. Il est vrai que le devoir de mémoire doit être respecté. En revanche, rendre la colonisation et ses effets responsables du retard actuel du développement des pays africains est irrecevable. Il semblerait que les tentatives menées dans ce sens, à savoir incriminer la colonisation, aient pour objectif de masquer les fautes commises et les occasions manquées par les dirigeants politico-économiques des pays africains depuis leur indépendance. En effet, ces pays ont leur destin en main, ils auraient pu et dû agir pour diminuer leur écart de développement. Or, après plus d'un demi-siècle d'indépendance, cet écart s'est aggravé.

Toutefois, il est vrai aussi qu'étant un continent riche en ressources naturelles, l'Afrique est très convoitée. Se pose donc le problème de savoir si les convoitises dont l'Afrique est l'objet jouent en sa faveur ou contre elle. Jusqu'à présent, ces convoitises ont joué contre elle, car elles ont été l'une des principales causes des conflits qui ont sévi sur ce continent et l'ont saccagé, détruit, etc., conflits internes et conflits entre divers pays. Les conflits favorisent le gaspillage des ressources financières de ces pays, de même qu'ils constituent une situation qui favorise leur pillage. Les enjeux du développement en Afrique sont donc à la fois humains, économiques, financiers, politiques et géopolitiques.

En fait, l'Afrique s'est transformée en une machine « à fric » pour certains dirigeants et leur entourage, pour les entreprises qui exploitent et exportent les ressources naturelles de ces pays, pour les cartels qui achètent à vil prix leurs produits agricoles, etc. Et ce sont les conflits internes et externes qui favorisent les conditions du pillage.

Le constat de la situation actuelle de certains pays africains permet de dire que ces pays ne sont pas encore parvenus à réaliser au moins l'une des trois conditions nécessaires à l'entrée dans une véritable phase d'évolution économique et sociale. Cette réalisation nécessite, d'une part un nombre suffisant de personnes susceptibles de représenter des cadres formés et une main-d'œuvre qualifiée, d'autre part des infrastructures dont l'amélioration favorise le développement, enfin, une quantité suffisante de moyens de production susceptibles d'améliorer la productivité du travail dans tous les secteurs, trois conditions, parmi les plus importantes, dont la combinaison permettrait à ces pays d'entrer dans la phase du développement et de satisfaire les besoins économiques de leurs populations.

Toutefois, la réalisation de ces trois conditions est subordonnée à trois exigences : tout d'abord à la volonté et à l'action des dirigeants, dont nous verrons quelles sont les qualités requises, ensuite au respect de l'indépendance de ces pays par les dirigeants des pays industrialisés et émergents, enfin aux possibilités de financement, par ces pays, des secteurs de l'éducation et de la formation, du secteur des infrastructures et de l'achat des moyens de production.

1° Disons-le sans ambages, il est difficilement concevable qu'un pays entre dans une phase de développement soutenu sans qu'il y ait à la base une véritable volonté nationale. Mais, si cette volonté est nécessaire, elle n'est pas suffisante. Elle doit être réellement partagée, portée, encouragée et soutenue par les dirigeants politiques et économiques du pays, car ce sont les dirigeants qui sont les premiers responsables de la mise en œuvre des décisions et mesures dont l'application favoriserait la sortie du sous-développement. En d'autres termes, la responsabilité première de la réussite ou de l'échec du développement incombe aux dirigeants politiques et économiques de chaque pays considéré.

L'une des conditions parmi les plus importantes et condition préalable pour que les propositions présentées dans cet ouvrage portent pleinement leurs fruits est la suivante : les pays africains ont besoin d'hommes politiques intègres, indépendants de tout clan, de toute tribu, de tout lobby, de tout cartel et de toute puissance étrangère. Ils ont besoin d'hommes politiques qui aient des ambitions pour leur pays et qui soient au service de leur pays. Autrement dit, les pays africains ont besoin d'hommes de bonne volonté, mais ils ont besoin aussi et surtout de véritables hommes politiques dignes de leurs fonctions.

Pour souligner l'importance du rôle que peuvent jouer les dirigeants de ces pays, précisons que l'accession aux ressources naturelles peut être facilitée ou non selon la personnalité de ces dirigeants. Ainsi peut-on constater que les pays qui sont les plus pillés sont ceux dont les dirigeants se montrent notoirement incompétents, ceux dont les dirigeants cherchent le pouvoir pour le pouvoir ou veulent défendre leur intérêt personnel aux dépens de l'intérêt général, ceux qui défendent les intérêts d'autres Etats, des cartels, de certaines entreprises ; certains dirigeants cumulent les quatre à la fois, favorisant grandement le pillage de leur pays.

2° Il faut aussi que les dirigeants des pays qui sont intéressés par les ressources naturelles des pays africains respectent l'indépendance de ces pays, tout en encourageant sur place les hommes politiques de valeur et en soutenant leurs actions en faveur du développement de leur pays. Nous verrons en quoi la paix interne des pays africains et entre eux serait favorable à l'ensemble des pays du monde : les pays africains, qui ont besoin d'exporter leurs ressources naturelles, et les autres pays, qui ont besoin de les importer.

3° Les pays africains, considérés dans leur ensemble, ont-ils les possibilités financières de financer leur développement ? Si l'on se contente du constat de la situation de l'endettement actuel de certains pays de ce continent, on est amené à répondre négativement à cette question, et cela d'autant plus que ce premier constat est relayé, exploité, par certains dirigeants de ces pays, par les dirigeants des pays industrialisés et émergents et par les dirigeants des Organisations Internationales (il est aisé de comprendre pourquoi un tel constat les arrange). Mais si l'on y regarde de plus près, on constate que certains pays africains trouvent de l'argent pour financer des conflits intérieurs et extérieurs (achat d'armes, entretien des troupes, etc.) ainsi que des projets mégalomanes. On constate aussi que certains dirigeants de ces pays et certaines catégories de leurs habitants possèdent des sommes considérables sur leurs comptes dans les banques étrangères (des sommes qui dépassent une fois et demie la dette extérieure de ces pays). On constate, en outre, que les ressources naturelles de ces pays permettent aux entreprises qui les exploitent et les exportent de réaliser des plus-values faramineuses aux dépens des pays producteurs (nous verrons que ces plus-values représentent parfois plusieurs dizaines de milliards de dollars par an). Ainsi peut-on dire que, s'ils écartaient les conflits, l'évasion des capitaux, le pillage de leurs ressources naturelles, le gaspillage de leurs ressources financières, les pays africains pourraient financer leur développement économique et social par leurs propres ressources financières, en totalité ou en grande partie,. Autrement dit, ils pourraient devenir, totalement ou en grande partie, indépendants des marchés financiers internationaux.

Les pays africains partagent la plupart des caractéristiques que nous évoquerons au cours de cet ouvrage. La connaissance de ces caractéristiques nous permettra de mieux appréhender les problèmes qui se posent à ces pays et de proposer des mesures aptes à les résoudre, afin de favoriser leur entrée dans une véritable phase de développement. Nous serons ainsi amené à distinguer trois ensembles de mesures : i) Celles qui concernent chaque pays. (ii) Celles qui concernent la coopération politique, économique, monétaire, financière et scientifique entre les pays de ce continent, coopération dont l'un des avantages serait de créer les conditions d'une entente pacifique entre pays africains. (iii) Celles qui concernent la coopération internationale dans les domaines de l'enseignement, de la recherche, de la santé, etc., coopération dont la mise en place peut être favorisée par les Organisations Internationales.

Il ne suffit pas de se contenter de parler du taux de croissance économique des pays africains. Encore faut-il savoir si l'évolution économique profite à l'ensemble de leur population. Or, ce n'est absolument pas le cas. Depuis l'indépendance, le développement économique non seulement n'a pas profité à l'ensemble de la population des pays africains mais il a même aggravé les écarts de revenus. Dans ce cas, on ne peut pas parler de développement équitable. L'aggravation des écarts de revenus est l'une des conséquences d'une répartition inégale, voire injuste, due à la corruption et à l'application de règles arbitraires. Cette situation constitue un problème majeur pour les pays africains, où la misère absolue ou relative frappe une bonne partie de la population. Elle constitue aussi une cause de tensions sociales et de conflits à l'intérieur de ces pays.

Le développement équitable est réalisé lorsque chacun obtient une part du produit selon sa participation à la réalisation de la production. Nous verrons que la réalisation du développement équitable passe par le respect des règles qui découlent des principes de l'économie et en particulier des règles qui fondent la monétisation de l'économie et le fonctionnement du système monétaire et financier de chaque pays. L'application de ces règles permettrait d'éviter qu'apparaissent les causes des prélèvements indus et illégitimes qui engendrent ou aggravent les écarts de revenus. En effet, c'est l'application de ces règles de l'économie qui permettrait d'éviter la répartition inégale des richesses créées à chaque période dans chaque pays. Or, seule la réalisation d'un développement équitable écarterait l'une des principales causes des tensions sociales et des conflits à l'intérieur de ces pays.

La corruption est une maladie qui ronge les pays africains car elle décourage les initiatives, les bonnes volontés, les entrepreneurs, les investisseurs, etc. Nous distinguerons deux sortes de corruptions : la corruption organisée et la corruption tacite. La corruption organisée est mise en place par les dirigeants à leur propre profit (par les dirigeants qui n'ont pas les qualités requises que nous avons évoquées). Elle peut être combattue par la prise de conscience de tous. La corruption tacite est une conséquence de la corruption organisée et de la répartition injuste. Elle n'existera plus lorsqu'aura disparu la corruption organisée et lorsqu'aura été établie la répartition juste.

Le développement ne doit pas avoir pour objectif seulement ou essentiellement l'augmentation des produits réels, il doit viser surtout à améliorer le bien-être, qui dépend de l'éducation, de la formation, de la santé, de la culture, etc. Nous verrons que l'évolution de ces secteurs est indispensable au développement. En fait, l'une des raisons pour lesquelles les pays africains n'ont pas pu mettre à profit les ressources financières qu'ils tirent de leurs ressources naturelles est la suivante : ces pays ne sont pas parvenus à mettre en valeur leur richesse humaine par le développement de l'enseignement et de la formation, indispensables pour améliorer la situation de l'emploi dans ces pays. En effet, le taux de chômage élevé, surtout le chômage des jeunes, constitue un fléau pour ces pays. Il constitue non seulement un gaspillage des ressources humaines, mais aussi l'une des principales causes de l'émigration économique.

Si les choses restent en l'état et si l'écart entre les pouvoirs d'achat réels des pays africains et ceux des pays industrialisés s'aggrave, et il s'est aggravé (d'après le *Rapport sur le développement humain dans le monde* 2000-2001 de la Banque Mondiale, cet écart a doublé au cours des 40 dernières années), et malheureusement il s'aggravera encore si des décisions importantes ne sont pas prises par les dirigeants des pays africains et en faveur de ces pays grâce à une coopération internationale, nous pouvons être sûrs que d'ici à quelques dizaines d'années les pays industrialisés trouveront à leurs frontières, sur les mers et les océans, des centaines de milliers de personnes qui tenteront, au péril de leur vie, d'échapper au chômage et à la misère qui les frappent dans leur pays d'origine. La responsabilité de cette situation incombe à l'ensemble des dirigeants des pays africains, mais aussi aux dirigeants des pays industrialisés et des Organisations Internationales qui ont ou qui auront manqué à leur devoir dans ce domaine, car ils n'auront pas pris les bonnes décisions et n'auront pas créé les conditions pouvant favoriser l'évolution économique des pays africains.

Or, des solutions existent, comme nous le verrons, mais leur application exige une volonté politique qui, elle, n'existe pas encore, car cette application remettrait en cause les privilèges de certaines catégories (spéculateurs, importateurs, exportateurs, financiers, cartels, etc.) qui profitent de la situation actuelle au détriment de l'immense majorité de la population, cela, non seulement dans les pays en développement, dont font partie la plupart des pays africains, mais aussi dans les pays industrialisés. Les règles économiques doivent être les mêmes pour tous. En effet, lorsque les règles qui découlent des principes de l'économie sont respectées, il n'y a plus ni perdants, ni gagnants, mais des hommes à égalité, il n'y a plus ni pays perdants, ni pays gagnants au niveau mondial, mais des pays à égalité. Cette égalité des habitants dans chaque pays et entre les pays au niveau international favorise les conditions de la réalisation de l'évolution économique et sociale. Pour que cette volonté politique s'applique, il faut que les hommes politiques sortent de la tutelle de ces catégories privilégiées qui s'enrichissent indûment au détriment d'une immense majorité de la population mondiale.

En fait, nous verrons que l'évolution économique des pays africains serait favorable non seulement à la population de ces pays, mais aussi à l'ensemble de la population mondiale ; lorsque les dirigeants des pays africains, des pays industrialisés et des Organisations Internationales l'auront compris, cette prise de conscience devrait les inciter à prendre les mesures qui s'imposent et qui permettront de favoriser les conditions de la réalisation de l'évolution économique des pays africains.

Dans les pays dits industrialisés, certains dirigeants, ceux qui étaient véritablement au service de leur pays et de leur population, dès le 18ème siècle et surtout au 19ème siècle, ont assumé leurs responsabilités. Ils ont pris les décisions qui ont permis l'évolution économique et sociale de leur pays. Ces décisions concernaient essentiellement le développement de l'enseignement généralisé, de la formation et de la recherche. On est aujourd'hui en droit de se poser la question de savoir pourquoi certains dirigeants des pays africains n'ont pas pris véritablement de telles décisions. Cela dit, nous nous garderons bien de proposer comme modèle le développement suivi par les pays industrialisés, essentiellement pour deux raisons. D'une part, ces pays n'ont pas tenu compte des limites des ressources naturelles et des conséquences néfastes de leur gaspillage. D'autre part, dans la plupart de ces pays, du fait de l'application de règles arbitraires déduites en grande partie de la théorie néoclassique, l'écart des revenus s'est aggravé.

Pour chaque pays, la satisfaction des besoins de première nécessité constitue une obligation et elle doit donc constituer l'objectif premier. C'est essentiellement le secteur agricole qui permet de satisfaire ces besoins. L'indépendance alimentaire, pour tout pays et en particulier pour les pays africains, constitue l'une des principales conditions de l'indépendance. En outre, l'indépendance alimentaire doit permettre à certains de ces pays de réaliser d'importantes économies en devises. Nous évoquerons les principales raisons pour lesquelles certains pays africains n'ont pas ou n'ont plus la maîtrise de leur indépendance alimentaire. Et nous ne passerons pas sous silence les conséquences néfastes pour ces pays, d'une part des changements alimentaires qui leur sont plus ou moins imposés, d'autre part de l'achat des terres cultivables de ces pays par des Etats, des entreprises étrangères, etc.

Après avoir évoqué les objectifs, les caractéristiques et les exigences des pays africains, car ils sont communs à la plupart de ces pays, nous étudierons leurs atouts et leurs handicaps, nous évoquerons quelques fausses solutions proposées essentiellement par la Banque Mondiale et le FMI, avant d'énoncer quelques propositions, mesures et décisions dont l'application favoriserait la réalisation du développement durable et équitable des pays de ce continent.

L'endettement des pays africains

Depuis les années 50, l'endettement des pays africains s'aggrave, endettement qui, pour certains d'entre eux, s'est même transformé en surendettement. Ce surendettement, non seulement n'a pas favorisé les conditions qui auraient permis de mieux satisfaire les besoins économiques de la population de ces pays, mais a retardé leur sortie du sous-développement. Le financement du développement par l'endettement n'est pas une véritable solution. Nous verrons que la gestion rationnelle de leurs ressources financières et la coopération, en particulier la coopération financière, permettraient aux pays de ce continent de devenir totalement ou en grande partie indépendants des marchés financiers au niveau mondial. En réalité, les pays africains dans leur ensemble n'ont pas besoin d'aide financière. Ils ont besoin chez eux d'hommes politiques de grande valeur et ils ont besoin d'une coopération régionale et internationale dénuée d'arrière-pensées intéressées.

Immigration choisie

L'immigration choisie est moralement et économiquement condamnable car, pour favoriser la réalisation de leur évolution économique et sociale, les pays en développement ont besoin de leur main-d'œuvre qualifiée et de leurs diplômés de l'enseignement supérieur (enseignants dans tous les domaines et à tous les niveaux, médecins, dentistes, infirmiers, ingénieurs, techniciens, cadres supérieurs, économistes, juristes, chercheurs dans toutes les disciplines, etc.). En fait, et en dernière analyse, l'immigration choisie constitue, d'une part, une sorte de pillage des ressources humaines des pays africains, d'autre part, une source de retard dans la réalisation du développement économique et social de ces pays. Elle montre l'insolence des dirigeants des pays qui la choisissent et leur indifférence face à la misère qui frappe une bonne partie des habitants des pays en développement, dont les pays africains. En outre, ces formations ont un coût élevé proportionnellement aux ressources de ces pays, tandis que les pays industrialisés ont, eux, les structures et les possibilités financières nécessaires pour former suffisamment de diplômés de l'enseignement supérieur et avoir une main-d'œuvre qualifiée. Par conséquent, les pays industrialisés qui recourent à l'immigration choisie commettent une double faute. Premièrement, ils privent les pays en développement concernés de leurs richesses humaines mises en valeur par l'éducation et la formation, indispensables à l'évolution économique et sociale de ces pays. Deuxièmement, ils négligent la mise en valeur de la richesse humaine de leur propre pays, du fait qu'ils n'investissent pas suffisamment dans les secteurs de l'enseignement supérieur, de la formation et de la recherche. Ainsi et de ce fait, ils mettent en danger l'avenir de l'évolution économique et sociale de leur propre pays.

Les Organisations Internationales

Elles sont nécessaires à l'ensemble des pays. Mais telles qu'elles fonctionnent actuellement, elles sont inefficaces et c'est bien en vain que les pays africains comptent sur ces organisations. Quatre exemples, parmi d'autres, permettent de comprendre pourquoi on peut douter de leurs actions en faveur des pays en développement en général et des pays africains en particulier. Premièrement, durant des dizaines d'années, les dirigeants de la Banque Mondiale et du FMI ont considéré le secteur de l'éducation comme non-productif, donc comme non prioritaire pour les pays en développement. Ils ont commis là une erreur grave car, sans une évolution importante de ce secteur, il n'y a pas de salut pour le développement économique et social de ces pays. Deuxièmement, ils ont présenté la mondialisation de la production (ce qui n'a pas de sens économiquement, car la production réalisée dans chaque pays appartient au pays où elle est réalisée) et la mondialisation des finances comme étant favorables aussi bien aux pays en développement qu'aux pays industrialisés. Ils ont soutenu et favorisé leur réalisation ! Or, nous verrons qu'elles ne sont favorables ni au premier ensemble, ni au second ensemble de pays.

Elles sont devenues une cause de pillage pour le premier ensemble de pays et une cause de chômage pour le second. En fait, elles ne sont favorables qu'aux financiers qui cherchent à améliorer la rentabilité de leurs capitaux. Troisièmement, les taux de change actuels sont établis arbitrairement dans le non-respect de la parité des pouvoirs d'achat, non-respect que les Organisations Internationales passent sous silence. Pire encore, dans les années 1990, elles ont demandé et obtenu, avec la bénédiction de certains dirigeants des pays industrialisés, la dévaluation des monnaies de divers pays africains, et cela bien que les monnaies de ces pays aient été auparavant déjà largement sous-évaluées. Quatrièmement, les dirigeants des Organisations Internationales ont certes proposé des solutions pour faciliter la sortie du sous-développement mais, comme nous le verrons, une partie de ces solutions a un objectif partisan car, en dernière analyse, leur application favorise la mondialisation et ses conséquences néfastes.

Les problèmes soulevés par le fonctionnement de ces organisations trouvent leur origine dans le fait que leurs dirigeants sont formés dans le cadre de la théorie néoclassique qui n'a pas de fondements rationnels. C'est une théorie partisane qui défend les intérêts de certaines catégories, au détriment de l'intérêt général.

Les Organisations Internationales tentent de rétablir la paix à l'intérieur des pays africains et entre les pays de ce contient, mais en réalité elles ne s'attaquent pas aux causes qui ont engendré les conflits. Elles ne font rien pour démanteler les cartels. Elles n'ont jamais dénoncé les profits considérables réalisés, au détriment des pays africains, par les entreprises qui ont en charge l'exploitation et l'exportation des ressources naturelles de ces pays. On peut donc se demander quelle est leur utilité actuelle pour l'Afrique.

En fait, l'Afrique doit trouver son salut en elle-même, elle doit prendre son destin en main et elle ne pourra le faire qu'en s'appuyant sur des règles plus justes.

CHAPITRE I[2]

CONSTAT DE LA SITUATION ACTUELLE DES PAYS AFRICAINS

I. Introduction

On sait que les pays dits industrialisés ont mis plus de deux siècles pour arriver à leur niveau de développement actuel. On constate que les pays dits émergents ont mis seulement quelques dizaines d'années pour rattraper une bonne partie de leur retard de développement par rapport aux pays industrialisés. Or, on constate aussi qu'en ce qui concerne les pays africains, non seulement ils n'ont pas rattrapé leur retard de développement, mais ils ont laissé cet écart s'aggraver par rapport à celui des pays industrialisés. On est donc en droit de savoir quelles sont les raisons, les obstacles, les contraintes, les actes manqués, les décisions et mesures non prises qui ont empêché ces pays de parvenir à diminuer leur retard de développement. Pourquoi la plupart de ces pays ne sont-ils même pas parvenus à satisfaire les besoins essentiels de leur population ? Qui sont ceux qui avaient la responsabilité première d'écarter les obstacles et les contraintes, de prendre les décisions et mesures nécessaires et de les appliquer, mais qui ont manqué à leur devoir ?

---

[2] Une partie du raisonnement de ce chapitre est repris de mon ouvrage intitulé : *Etude économique et géopolitique du développement*, 2003, Ed. L'Harmattan.

Le sous-développement est un problème relatif[3]. Pendant des siècles, les populations de tous les pays ont essayé d'assurer leur subsistance. Quelles ont été les mesures et décisions qui ont permis à certains pays de satisfaire de mieux en mieux les besoins économiques de leur population ? Pour quelles raisons d'autres pays n'y sont-ils pas parvenus ? Les réponses à ces questions nous permettront de démontrer que le sous-développement des pays africains n'est pas une fatalité et que, par conséquent, des remèdes existent pour sortir du sous-développement.

Pour pouvoir proposer des solutions susceptibles de favoriser la réalisation du développement des pays africains, il importe tout d'abord d'établir un constat de la situation actuelle, afin de déterminer précisément les causes de leur retard.

II. Principales caractéristiques des pays en développement

C'est par rapport à un ensemble qu'un autre ensemble de pays est considéré comme sous-développé ou en voie de développement. L'un des principaux éléments sur lesquels certains se fondent pour déterminer les niveaux de développement est l'écart existant entre les pouvoirs d'achat réels moyens des différents pays. Si l'on écarte les ressources financières obtenues par l'exportation de leurs ressources naturelles, on constate qu'actuellement l'écart entre le niveau de la production ou revenu réel moyen des pays industrialisés et celui de la plupart des pays africains augmente d'année en année.

---

[3] « Jusqu'au milieu du XVIIIe siècle, c'est à peine si les niveaux de vie se sont améliorés dans le monde. La plupart des sociétés considéraient la pauvreté comme un fait inéluctable. En 1820 encore, tous les pays avaient un revenu par habitant assez voisin et très bas, puisqu'il allait d'environ 500 dollars en Chine et en Asie du Sud à 1000 - 1500 dollars dans les pays européens les plus riches. En gros, les trois quarts de la population mondiale vivaient pour moins d'un dollar par jour. » (*Rapport sur le développement dans le monde* 2000 –2001, p.53).

Nous devons distinguer les caractéristiques qui constituent les causes du sous-développement de celles qui résultent de ses conséquences, même s'il est vrai que cette distinction n'est pas toujours facile à établir. Les conséquences du sous-développement sont, par exemple, le taux élevé de la mortalité infantile, le faible niveau de l'espérance de vie, le taux de chômage élevé, etc. tandis que les causes en sont, par exemple, l'indifférence et l'incompétence des dirigeants, le pourcentage élevé d'analphabètes, etc. Le bas niveau de vie peut être considéré à la fois comme cause et comme conséquence du sous-développement. En effet, le bas niveau de vie ne permet pas de dégager un profit ni une épargne suffisant au financement des investissements nécessaires pour entrer dans la phase du développement. En outre, dans ces pays, le profit et l'épargne, quel que soit leur niveau, ne peuvent pas actuellement se transformer en capital industriel, pour une simple raison : ces pays n'en produisent pas ou en produisent peu. Par conséquent, ils sont obligés de les importer, ce qui signifie soit qu'ils ont les moyens de financer leurs importations en devises, soit qu'ils sont dépendants du marché financier international ou des Organisations Internationales.

Les pays africains partagent la plupart des caractéristiques que nous allons évoquer. La connaissance de ces caractéristiques nous permettra, d'une part de mieux appréhender les problèmes qui se posent à ces pays, d'autre part de savoir comment les résoudre.

II.1. Un faible niveau d'éducation et de formation

L'une des premières caractéristiques des pays en développement, et donc des pays africains, est le fait qu'ils ne sont pas encore parvenus à mettre en valeur leur première richesse : leur richesse humaine. Cette mise en valeur passe par l'éducation et la formation, éléments fondamentaux pour le développement économique et social. Un bon niveau d'éducation et de formation est nécessaire pour permettre l'emploi de nouvelles techniques de production et une meilleure organisation du travail, indispensables si l'on veut améliorer la productivité du travail.

Mais dans les pays africains, surtout les moins avancés, l'organisation généralisée de l'enseignement et de la formation pose plusieurs problèmes liés, tels que le financement de ces secteurs par des recettes fiscales, la formation des enseignants et le maintien des enfants à l'école.

Le problème du maintien des enfants à l'école dépend essentiellement de deux causes liées pour une grande part au bas niveau de vie. Premièrement, le maintien des enfants à l'école a un coût qui est lourd à assumer pour les familles démunies. Deuxièmement, dans ces pays, les enfants travaillent dès leur plus jeune âge pour subvenir aux besoins de la famille. Autrement dit, dans les pays les moins avancés économiquement, les enfants qui vont à l'école non seulement n'apportent pas de revenu à leur famille, mais aussi en augmentent les charges financières.

Nous devons partir du principe selon lequel l'éducation constitue un droit individuel, car elle a un effet non seulement sur l'évolution économique mais aussi, et surtout, sur l'évolution sociale. Aussi faut-il, pour favoriser l'acquisition de ce droit, que l'enseignement soit gratuit, au moins pour ceux qui n'ont pas les moyens de le financer par leur revenu. Mais les dirigeants de ces pays, certains auteurs et même les Organisations Internationales arguent du problème de l'insuffisance des recettes fiscales pour expliquer l'impossibilité de financer ce secteur. Or, nous verrons que la plupart de ces pays ont en réalité les moyens de faire face à ce problème.

L'analphabétisme d'une grande partie de la population constitue l'une des caractéristiques des pays en développement[4]. Il en est

---

[4] L'organisation des Nations Unies, dans son rapport sur le développement humain, établit le constat suivant : En 2005 le taux d'alphabétisation des adultes était de 60,3% en Afrique subsaharienne, soit très en deçà de la moyenne des pays en développement (76,7%). La même année, le taux de scolarisation combiné pour l'éducation primaire, secondaire et supérieure était de 50,6% en Afrique subsaharienne alors qu'il était en moyenne de 64,1% dans les pays en développement. (Cf. *Rapport sur le développement humain* 2007-2008, P. 9-10).

aussi l'une des principales causes et il a des conséquences à la fois économiques et sociales. En effet, l'évolution économique et sociale de chaque pays est fortement influencée par le niveau de la mise en valeur de sa richesse humaine.

Dans les sociétés pré-industrielles, l'éducation jouait un rôle important essentiellement sur le plan social ; aujourd'hui, en revanche, une société ne peut entrer véritablement dans l'ère du développement soutenu, durable et équitable, sans parvenir à diminuer le nombre d'analphabètes, sans réussir à développer le secteur de l'éducation et de la formation. Pour atteindre cet objectif, les pays africains doivent généraliser l'enseignement primaire et secondaire, ils doivent créer et/ou développer l'enseignement supérieur et les centres de recherche, etc. Cette exigence découle du constat suivant : actuellement, le développement économique, qui permettrait de mieux satisfaire les besoins économiques et, par la suite, de diminuer les écarts des niveaux de revenus réels entre les pays africains et les pays industrialisés, passe par l'amélioration des connaissances, l'amélioration du savoir-faire et par l'industrialisation. Mais ces améliorations et cette industrialisation ne peuvent pas être réalisées sans le développement de l'éducation et de la formation à tous les niveaux. Une prise de conscience de la part des dirigeants de tous les pays africains et des Organisations Internationales est indispensable. Elle doit inciter les responsables nationaux à placer les secteurs de l'éducation et de la formation parmi les premières priorités. Elle doit inciter les dirigeants des Organisations Internationales à encourager les responsables nationaux dans cette voie.

II.2. Un niveau d'espérance de vie faible

Le principal objectif du développement est d'améliorer le bien-être de la population, non seulement dans le domaine du bien-être matériel, mais aussi et surtout dans celui de la santé. La nécessité de favoriser l'évolution du secteur de la santé découle d'une double exigence d'éthique et d'équité[5], tandis que son financement est un problème économique. Sa réalisation dépend d'une volonté politique, mais le niveau de sa réalisation dépend des moyens humains dont dispose ou peut disposer un pays.

Il existe un rapport entre le développement économique et l'évolution de la santé. Des études historiques, ainsi que celles menées par les organismes internationaux, permettent d'établir une relation entre les niveaux de l'espérance de vie, de la mortalité infantile, de la santé et du développement économique[6]. En effet, le développement économique constitue un facteur d'amélioration de l'état sanitaire, qui lui-même contribue à favoriser l'essor de l'économie. Toutefois, cette relation semble faire apparaître un cercle vicieux : la situation sanitaire d'une nation doit être bonne pour favoriser son développement, et l'amélioration de l'état sanitaire d'une nation passe par son développement. Or, ce cercle vicieux n'apparaît plus dès lors que l'on considère le secteur de la santé comme partie intégrante de la production de chaque nation. Autrement dit, l'évolution de la production des services du secteur de la santé améliore la situation de l'emploi, améliore l'état sanitaire de la population et, donc, favorise l'une des conditions de la réalisation du développement économique.

Les démographes établissent une relation entre le niveau de vie et l'espérance de vie. Ainsi, étant donné que le niveau de vie dépend du niveau de la production, il existe une relation entre le

---

[5] « Parmi les personnes interrogées dans le cadre de l'étude « La parole est aux pauvres », c'est le plus souvent la maladie qui plonge les familles dans une misère plus grande encore. Nha, père de famille vietnamien de 26 ans, raconte qu'il a dû vendre quatre buffles, un cheval et deux cochons pour payer l'opération de sa fille. L'opération n'a pas réussi et il a fallu lui administrer d'autres traitements. La famille, qui était l'une des plus prospères de la communauté, est aujourd'hui l'une des plus pauvres. » (2000-2001, *Rapport sur le développement dans le monde*, P.96).

[6] « Ainsi, dans les pays riches, moins d'un enfant sur 100 meurt avant l'âge de cinq ans, tandis que, dans les pays les plus pauvres, cette proportion va jusqu'à un sur cinq. » (Idem, P.54).

niveau de développement économique et l'espérance de vie. L'espérance de vie représente le nombre moyen d'années qu'une population donnée peut escompter vivre. Le taux de la mortalité infantile représente l'un des facteurs les plus importants dans la détermination de l'espérance de vie d'une nation. Il faut donc agir sur les éléments qui favorisent le développement économique pour obtenir des effets positifs sur l'état sanitaire, sur le taux de mortalité infantile et, par conséquent, sur l'espérance de vie.

Tableau n°1
Taux de mortalité infantile par 1000 habitants

Année	1950 1955	1980 1985	2000 2005
Economies développées	47.9	11.8	5.9
Economies en développement : Asie	182.3	76.4	50
Economies en développement : Afrique	180.2	112.7	93

(Source, UNCTAD. manuel de statistiques, 2008).

Tableau n°2
Espérance de vie à la naissance

Année	1950 1955	1980 1985	2000 2005
Economies développées	66.8	74.4	78.5
Economies en développement : Asie	40.3	61.6	66.6
Economies en développement : Afrique	38.3	51.5	49.9

(Source, UNCTAD, manuel de statistiques, 2008).

Le tableau n°1 permet de constater, de 1950-1955 à 2000-2005, une diminution du taux de mortalité infantile dans l'ensemble des différentes catégories de pays. Toutefois, il est important de remarquer que ces taux constituent une moyenne, de ce fait, il existe des disparités non seulement entre les différentes catégories de pays et entre les pays d'une même catégorie, mais aussi à l'intérieur d'une même nation entre différentes catégories de population. « En Bolivie, le taux de mortalité des moins de cinq ans dans les 20% les plus pauvres de la population est quatre fois plus élevé que dans les 20% les plus riches. » (2000-2001, *Rapport sur le développement dans le monde*, P.89).

Ces disparités des niveaux d'espérance de vie et des taux de mortalité infantile entre les différentes catégories de pays et à l'intérieur de chaque pays font apparaître des problèmes différents, dont les solutions ne se situent pas au même niveau. Les disparités entre les catégories de pays sont dues aux différents niveaux de développement économique des pays. Elles seront écartées grâce à l'évolution économique qui permet de diminuer les écarts de revenus entre les catégories de pays. C'est donc l'évolution économique des pays africains qu'il faut favoriser. Les disparités à l'intérieur de chaque pays sont dues à la répartition injuste des revenus, elle-même due au non-respect des règles qui découlent des principes de l'économie. Elles seront donc facilement écartées grâce au respect de ces règles, comme nous le verrons au chapitre III, section VIII.

Nous constatons qu'il existe une relation entre le développement économique, l'évolution du secteur de la santé et l'espérance de vie. Toutefois, les conditions qui favorisent l'amélioration de l'espérance de vie dépendent essentiellement de deux sortes de financements. Premièrement, le financement du fonctionnement du secteur de la santé : d'où viennent les ressources et qui prend en charge ce financement, au moins dans les premières phases du développement ? Deuxièmement, quelles sont les ressources qui permettent aux pays africains de financer l'importation de médicaments et de matériel hospitalier ? En effet, la plupart des pays africains n'en produisent pas ou pas assez pour faire face à leurs besoins, ils se trouvent donc dans l'obligation de les importer.

Le financement de l'importation de ces produits pose problème à ces pays actuellement essentiellement pour trois raisons. Premièrement, la balance commerciale de ces pays est déficitaire, dans la plupart des cas, si l'on ne tient pas compte de l'exportation de leurs ressources naturelles. Deuxièmement, comme nous le verrons, les taux de change sont établis actuellement de façon arbitraire, de ce fait, les monnaies des pays africains sont sous-évaluées par rapport aux monnaies des pays exportateurs de ces produits. Troisièmement, les fabricants de ces produits sont plus préoccupés par leur profit que par les problèmes humains et les possibilités de financement de ces pays. La première raison découle de la situation économique des pays africains. La deuxième résulte du fonctionnement du système monétaire et financier international actuel. La troisième trouve sa cause dans le fait que, le capital étant considéré comme un facteur de production, les entreprises qui fabriquent ces produits se trouvent dans l'obligation de réaliser des profits maximum pour satisfaire leurs financiers. Nous constatons qu'actuellement la combinaison de ces trois situations ne facilite pas le financement de l'importation de ces produits par les pays africains et que, par conséquent, elle ne favorise pas non plus l'une des conditions de l'amélioration de l'espérance de vie dans ces pays. Il faut donc combattre les causes qui engendrent ces trois situations.

II.3. Un taux de chômage élevé

Un taux de chômage élevé et un nombre important de personnes sous-employées constituent aussi l'une des caractéristiques des pays africains. Toutefois, il est important de remarquer que, pour des raisons politiques notamment mais pas seulement, les taux de chômage concernant les pays africains, donnés par ces pays eux-mêmes ou par les Organisations Internationales, sous-estiment largement la gravité de la situation de sous-emploi dans ces pays. « Dans les pays en développement, le taux de chômage minimise le sous-emploi des actifs dans une proportion fréquemment importante. Des enquêtes ont indiqué qu'il était inférieur, en Inde, à celui des Etats-Unis. Des enquêtes faites dans des pays semi-développés disposant de niveaux de revenus individuels nettement supérieurs à ceux de l'Inde (Malaysia, Philippines ou presque tous les pays latino-américains, par exemple) leur ont également attribué des taux de chômage considérablement plus élevés que dans les pays les plus démunis. » (1998, *Economie du développement* ; P.292).

Quelles qu'en soient les raisons, relevant de la politique, de la définition ou des difficultés des enquêtes, les taux de chômage déterminés dans les pays africains ne peuvent pas être comparés à ceux déterminés dans les pays industrialisés ; il est certain que la main-d'œuvre est largement sous-employée dans les pays africains. Or, pour pouvoir proposer des solutions adéquates à ce problème important, il est nécessaire d'en connaître les causes et les conséquences.

Le chômage, dans tout pays, constitue non seulement un gaspillage des forces productives, mais aussi un élément de démoralisation et d'aliénation pour les travailleurs. Un taux de chômage élevé, ou un sous-emploi de la main-d'œuvre, s'il a essentiellement pour cause l'insuffisance des investissements a, en revanche, plusieurs conséquences. Dans les pays africains, la première conséquence est économique en ce sens qu'une partie importante de la richesse humaine, qui constitue la première richesse d'un pays, ne peut ni participer à l'enrichissement de la nation, ni avoir l'espoir de le faire, ni, par conséquent, avoir la possibilité de percevoir un revenu, si les mesures nécessaires ne sont pas prises pour offrir de nouvelles perspectives à ceux qui se trouvent dans cette situation, c'est-à-dire si de meilleures perspectives ne sont pas ouvertes pour les chômeurs de ces pays. La deuxième conséquence est sociale, car l'oisiveté forcée, qui découle du chômage ou du sous-emploi de la main-d'œuvre, constitue la mère de la plupart des maux sociaux. La masse des chômeurs, sans la véritable perspective de trouver un emploi qui leur permettrait de vivre dignement de leur travail, constitue une source de recrutement d'agitateurs et donc contribue à la formation de foyers de tensions qui peuvent mettre en danger le fonctionnement normal du pays considéré. Cette situation est prétexte, propice, à l'apparition de régimes dictatoriaux qui suppriment les libertés fondamentales et imposent la loi du plus fort. La troisième conséquence est l'émigration économique. Une partie de ces chômeurs, privés de tout espoir de trouver du travail dans leur propre pays, tentera d'en trouver dans d'autres pays, et en particulier dans les pays industrialisés. Cette émigration est à l'origine de l'apparition et de l'augmentation des immigrés clandestins dans les pays dits riches, immigrés qui, du fait de leur situation se trouvent soit refoulés, soit exploités, quand ils ne trouvent pas la mort avant même d'arriver à destination. C'est le développement de leur pays d'origine qui constitue la meilleure solution pour mettre fin à cette sorte d'émigration.

Toutes ces conséquences, économiques, sociales, politiques et humaines doivent alerter les dirigeants de l'ensemble des pays et des Organisations Internationales et les amener à prendre les décisions qui favoriseraient la solidarité internationale et écarteraient les comportements égoïstes de la plupart des pays industrialisés.

II.4. Les inégalités de revenus

Les inégalités de revenus dans l'ensemble des pays ont essentiellement trois causes. Mais avant d'évoquer ces causes, nous devons faire deux remarques. Premièrement, l'inégalité des revenus est beaucoup plus durement ressentie par une partie de la population des pays africains que par la partie de la population qui en subit les conséquences dans certains pays industrialisés. En effet, l'absence de protection sociale et d'organismes de redistribution des revenus dans les pays africains ne rendent pas possible le transfert de revenu d'une minorité extrêmement riche vers une population démunie, qui ne dispose même pas des ressources suffisantes pour satisfaire ses besoins de première nécessité. Cette inégalité des revenus est d'autant plus préjudiciable aux pays africains que les privilégiés de ces pays placent une partie de leur fortune financière dans d'autres pays, placements qui diminuent d'autant les possibilités de financement des importations des biens d'équipement indispensables au développement de ces pays (cf. sous-section II.7). Cela dit, ne perdons pas de vue que, dans une nation où la répartition première est réalisée dans le respect des règles économiques, il n'est nul besoin de recourir à une redistribution des revenus qui permet peut-être d'acheter la paix sociale, mais qui ne résout pas le problème de fond puisqu'elle n'écarte pas les causes des inégalités de revenus engendrées par les prélèvements indus et illégitimes. Deuxièmement, à l'encontre de ce que pensent certains auteurs, l'inégalité des revenus ne doit pas être considérée comme une cause d'insuffisance de la demande globale, ni comme une situation qui favorise le financement des investissements. En effet, selon l'un des principes de l'économie, l'offre crée sa propre demande. L'inégalité des revenus résulte de prélèvements effectués sur le revenu de ceux qui participent à la réalisation de la production. Ainsi, le revenu qui n'est pas dépensé par les uns sera dépensé par les autres. Par conséquent, le problème posé par l'inégalité des revenus est principalement un problème de justice sociale dû au fonctionnement non harmonieux de l'économie.

Pour prendre les mesures qui permettraient d'écarter les inégalités des revenus dans tous les pays, il faut connaître les causes de ces inégalités.
En premier lieu, c'est l'appropriation des moyens de production, du capital et de la terre, lorsqu'ils sont considérés comme des facteurs de production, qui constitue une première cause des inégalités de revenus. En effet, dès que l'on considère ces moyens de production comme des facteurs de production (au lieu de les considérer simplement et rationnellement comme des moyens techniques nécessaires à la réalisation de la production), ceux-ci deviennent des sources de revenu pour leurs propriétaires. Ainsi une partie du produit réalisé par les travailleurs qui participent à la réalisation de la production est appropriée par les propriétaires des moyens de production. Cette cause d'inégalité des revenus est d'autant plus difficile à combattre que certaines théories économiques, en supposant l'existence de plusieurs facteurs de production, ont tenté de rendre légitime ce prélèvement indu. Il convient de noter que, en dernière analyse, toutes ces théories parviennent au résultat suivant : être propriétaire donne droit à une partie du produit. Or, être propriétaire ne signifie pas participer à la réalisation de la production qui, seule, est source de revenu. Pour écarter cette cause d'inégalité, ce sont donc ces théories qu'il faut

justement remettre en question, théories qui tentent de légitimer un cas d'inégalité des revenus et qui sont sans fondement rationnel. (Cf. *La théorie dominante : un siècle d'imposture* (1998). Ed. L'Harmattan)

Ensuite, le non-respect des règles qui découlent des principes de l'économie constitue l'une des principales causes de l'apparition et de l'aggravation des inégalités de revenus. Le non-respect de ces règles a lui-même essentiellement deux causes liées : d'une part, ce non-respect est la conséquence de la méconnaissance de ces règles par les dirigeants (les dirigeants ou leurs conseillers, qui ont reçu pour la plupart une formation économique fondée sur la théorie néoclassique), d'autre part, il résulte de l'insuffisance des structures étatiques, structures qui devraient faire respecter les règles de l'économie, ce qui constitue l'une des attributions de l'Etat dans le domaine de l'économie politique. Il en est ainsi, par exemple, des décisions qui imposeraient au système bancaire de respecter les règles de la création de monnaie et, donc, de la monétisation de l'économie (cf. Chapitre III, section VIII).

Enfin, la corruption, surtout la corruption organisée, constitue une autre cause d'inégalité des revenus. En effet, elle aboutit à des prélèvements illégitimes et indus opérés par les dirigeants, leurs protégés et ceux qui profitent de cette situation. Nous reviendrons sur ce problème dans la sous-section suivante.

Ecarter les causes des inégalités de revenus permet non seulement de rétablir la justice sociale, mais aussi d'atteindre l'un des objectifs du développement économique, qui est de faire reculer la pauvreté, notion relative, enfin, cela permet d'instaurer un système politique stable. « Dans les sociétés inégales, l'action collective a plus de chances de se heurter à des difficultés, reflétées éventuellement par le dysfonctionnement des institutions, l'instabilité politique, une prédilection pour les politiques populistes de redistribution ou une plus grande volatilité dans les politiques, tous facteurs qui peuvent limiter la croissance. » (2000-2001, *Rapport sur le développement dans le monde*, p. 66).

II.5. La corruption

La corruption est malheureusement possible dans toute société humaine. Toutefois, il faut distinguer deux sortes de corruptions : organisée et non organisée. La deuxième sorte est essentiellement l'une des conséquences de la première et des inégalités de revenus. La corruption est partout une source d'injustice sociale, car elle constitue une sorte de prélèvement illégitime, c'est là l'une des premières raisons pour lesquelles elle peut et doit être combattue et réprimée par la loi. Pour tous les pays, et en particulier pour les pays africains, elle constitue un frein à l'évolution économique et surtout à l'évolution sociale. En effet, s'il est vrai que la corruption n'a pas d'effet sur la demande globale (lorsque le corrupteur dépense ou place ses ressources dans le pays considéré), il est non moins vrai qu'elle affaiblit l'autorité morale de l'Etat et, par conséquent, qu'elle sape la confiance des citoyens et qu'elle décourage les investisseurs potentiels, particulièrement dans les pays africains. En outre, les ressources ainsi obtenues par les corrupteurs étant par définition illégitimes, elles ne sont pas déclarées ni, donc, imposées, elles constituent un manque à gagner pour l'Etat. La corruption est donc bien l'une des principales sources d'évasion des capitaux financiers. Enfin, elle constitue l'une des causes de l'aggravation des écarts de revenus.

Pour pouvoir combattre la corruption plus efficacement, nous devons distinguer deux sortes de corruptions : organisée et tacite.

Nous entendons par corruption organisée tout ce qui relève des prélèvements illégitimes et indus opérés par les dirigeants, leurs protégés et ceux qui profitent de cette situation pour effectuer ces prélèvements. Dans le cas de corruption organisée, c'est la loi du plus fort ou droit naturel qui s'impose. Cette corruption aggrave les inégalités de revenus et donc la pauvreté. Elle doit être combattue par la loi. Mais, comme le plus souvent les dirigeants sont eux-mêmes corrompus ou complices, elle ne peut être combattue, à l'intérieur de ces pays, que par une prise de conscience de l'ensemble des citoyens. La corruption organisée, dans les pays en développement, a une autre conséquence, qui aggrave la situation de ces pays, c'est l'évasion des capitaux. En effet, une grande partie des ressources ainsi obtenues par les corrupteurs est placée dans d'autres pays, et en particulier dans les pays industrialisés ; ces placements sont facilités par le fonctionnement du système financier international actuel qui, d'une part, fait apparaître la liquidité internationale, d'autre part, prône la libre circulation des capitaux financiers. Nous verrons dans la sous-section II.7 que ces placements à l'étranger diminuent du même montant les possibilités, pour ces pays, de financer l'importation de biens d'équipement, de médicaments et de produits indispensables à leur santé et à leur développement. Par conséquent, nous pouvons affirmer que, d'une part, les organismes financiers des pays qui acceptent ces placements, d'autre part, les dirigeants politiques et économiques qui acceptent ces placements dans leur pays, enfin les dirigeants des Organisations Internationales qui passent sous silence ces agissements se rendent complices des corrupteurs, de cette situation et de ses conséquences néfastes. Il est vrai que, si le système monétaire et financier international respectait les principes de la monétisation des échanges internationaux et du financement des achats excédentaires par les ventes nettes, il n'y aurait pas de liquidité internationale et, de ce fait, l'évasion des capitaux financiers serait plus difficile à réaliser.

Pour combattre la corruption tacite, il faut savoir quelle en est la cause. Or, sa principale cause réside dans une répartition injuste de la richesse créée, la répartition injuste résultant elle-même de la corruption organisée et surtout du non-respect des règles de l'économie, notamment celle de la monétisation de l'économie. Le non-respect de ces règles et la corruption organisée engendrent des prélèvements indus et illégitimes et donc diminuent le pouvoir d'achat réel du revenu des agents économiques qui participent à la réalisation de biens et de services. Ainsi, ceux qui pratiquent la corruption tacite ont pour but d'améliorer leur pouvoir d'achat. S'il est vrai que toute corruption doit être réprimée par l'application de la loi, il est vrai aussi que, dans le cas de la corruption tacite, il faut s'attaquer à la racine du mal si l'on veut l'extirper.

En effet, il est paradoxal que les travailleurs qui participent à la réalisation de biens et de services aient un niveau de vie beaucoup moins élevé que ceux qui sont les parasites du système. Le développement des bidonvilles autour des grandes villes n'est pas dû seulement à l'exode rural, au chômage et à l'insuffisance de logements, mais aussi au fait que les loyers sont très élevés, loyers qu'une partie des travailleurs qui participent à la réalisation de la production se trouvent dans l'impossibilité de payer. Pour pouvoir payer ces loyers, certains employés en arrivent à se laisser corrompre, ce qui aggrave encore la situation des autres travailleurs.

Lorsque les règles dont l'application assure le fonctionnement normal, harmonieux, de l'économie seront respectées, le niveau de vie des travailleurs qui participent à la réalisation de la production sera bien meilleur. Il est évident que le niveau de vie ou le pouvoir d'achat réel des travailleurs de chaque pays dépend du niveau de la production nationale. La misère étant un problème relatif, à l'intérieur d'un pays, ce problème n'apparaîtra plus lorsque le fonctionnement de l'économie sera régi par l'application de ces règles. Il convient toutefois de préciser que, même dans ce cas, la misère relative existera toujours si la corruption organisée perdure.

II.6. L'absence de démocratie politique et sociale et le poids des traditions

La démocratie est une forme d'organisation politique ou une modalité d'aménagement des rapports sociaux. Elle a pour vocation de permettre aux hommes de prendre en charge leur destin, tant individuel que collectif. En ce sens, elle n'est pas seulement une manière d'être des institutions, elle est plus encore peut-être une exigence morale. La véritable démocratie a essentiellement trois volets. Elle est un moyen de liberté, un instrument de justice et un gage de justice sociale. La réalisation de chaque volet constitue une évolution importante, mais tant que l'un ou l'autre de ces volets demeure manquant, la démocratie n'est pas pleinement réalisée.

L'un des principaux objectifs du développement de chaque pays est de réaliser la satisfaction des besoins économiques de l'ensemble de ses habitants. Aussi, la production étant constituée de biens et de services, la satisfaction des besoins économiques est réalisée lorsque tous les habitants du pays profitent de la production des biens et services selon la participation de chacun à la réalisation de la production. Or, cet objectif ne sera véritablement atteint que lorsque la démocratie sociale ou la justice sociale sera réalisée, c'est-à-dire lorsque sera réalisée la satisfaction des besoins économiques, biens matériels et services, de l'ensemble des habitants du pays, selon les possibilités offertes par le niveau de production de chaque pays considéré et selon la participation de chacun à la réalisation de la production, et cela, du fait que la réalisation de la justice sociale va de pair avec la réalisation de la démocratie politique.

Nous l'avons dit, la démocratie est fondamentalement liée à l'idée de liberté. L'une des premières définitions qui lui ait été attribuée est la suivante : le gouvernement du peuple par le peuple. Cette définition permet de dire que le pouvoir d'une autorité qui ne procéderait pas du peuple ne serait pas démocratique. C'est pourquoi la démocratie n'est réalisée que lorsque les hommes peuvent prendre en charge leur destin individuel et surtout collectif.

En outre, la liberté et, en particulier, la liberté d'expression ouvrent la voie à la recherche libre ainsi qu'à la critique, éléments qui favorisent l'évolution d'une société dans tous les domaines et, donc, dans le domaine économique comme dans le domaine de la justice sociale. Or, par définition, un régime qui n'est pas démocratique ne favorise pas l'exercice de ces libertés et ne s'intéresse pas véritablement au bien-être, ni matériel, ni social, de l'ensemble de la population. Un régime autocrate n'est soumis à aucun contrôle. Il s'agit en général d'un régime de pouvoir personnel ; toutefois, l'armée ou le parti unique peuvent également servir de base à des dictatures institutionnelles. Un régime de ce type défend la plupart des privilèges qui existent et en crée de nouveaux. De ce fait, il n'est pas apte à réaliser la justice sociale.

Or, malheureusement la plupart des pays africains ont actuellement un régime politique qui n'a rien de démocratique, cela, du fait qu'ils ne respectent pas les conditions que nous venons d'évoquer. C'est là l'un des principaux handicaps de ces pays.

De plus, dans certains pays africains, ce sont la tradition et la religion, souvent mal interprétées par certains individus et par les régimes en place, qui empêchent la participation à la réalisation de la production de la moitié de la population active. Non seulement ces régimes ne respectent pas l'un des principes du préambule de la Déclaration des droits de l'homme concernant l'égalité entre l'homme et la femme[7], mais, de plus, ils empêchent une partie de la population de participer à la réalisation de la production et donc à l'enrichissement de leur pays. Pire encore, certains régimes s'opposent à la scolarisation des filles, entravant ainsi leur l'épanouissement personnel. Ces régimes ne favorisent ni la réalisation d'une véritable démocratie, ni la réalisation de l'évolution économique que permettrait le potentiel humain de leur pays.

Pour favoriser le développement économique et social de leur pays, les pays africains doivent donc devenir démocratiques, seule voie possible pour que les dirigeants de ces pays deviennent indépendants des autres pays. C'est ainsi, et ainsi seulement, qu'ils pourront défendre les intérêts de leur pays et de ses habitants.

---

[7] « Considérant que dans la Charte les peuples des Nations Unies ont proclamé à nouveau leur foi dans les droits fondamentaux de l'homme, dans la dignité et la valeur de la personne humaine, dans l'égalité des droits des hommes et des femmes, et qu'ils se sont déclarés résolus à favoriser le progrès social et à instaurer de meilleures conditions de vie dans une liberté plus grande. » (Déclaration universelle des droits de l'homme proclamée par les Nations Unies le 10 décembre 1948.)

II.7. La fuite des capitaux : raisons et conséquences

La fuite des capitaux financiers des pays africains constitue aussi l'une des caractéristiques de ces pays et l'une des causes du retard de leur développement. D'une façon générale, les déplacements de capitaux financiers d'un pays à un autre ne sont pas compatibles avec le respect des règles de l'économie (cf. Chapitre III, section VIII). Toutefois, nous devons nous poser la question de savoir quelles sont les raisons qui amènent la plupart des dirigeants et certains habitants des pays africains à placer leurs capitaux financiers dans d'autres nations.

S'il est vrai que les placements à l'étranger des capitaux financiers, quel que soit leur pays d'origine, ont toujours tenté certaines personnes, ce qui facilite ces déplacements ce sont, d'une part le fonctionnement du système monétaire et financier international, passé et actuel, d'autre part la mondialisation telle qu'elle est souhaitée par les Libéraux néoclassiques et imposée par les Organisations Internationales actuelles. Toutefois, à la différence de ce qui se passe dans les pays industrialisés où les placements de certains capitaux à l'étranger ont pour but de réaliser des plus-values financières importantes qui seront ensuite rapatriées, dans les pays africains les personnes qui placent leurs capitaux financiers à l'étranger ont essentiellement pour objectif de mettre leurs capitaux à l'abri des risques que pourrait engendrer un changement de régime dû à l'instabilité politique de leur pays. Cette appréhension à l'égard d'éventuels changements de régimes est d'autant plus ressentie par ceux qui placent leurs capitaux financiers à l'étranger que la plupart d'entre eux obtiennent une grande partie de ces ressources de façon indue ou illégitime. Ces placements à l'étranger doivent permettre à leurs titulaires de quitter leur pays d'origine au cas où surviendraient des changements politiques qui leur seraient hostiles.

Les pays africains ne produisent pas ou produisent très peu de biens capitaux, de biens d'équipement et de médicaments. De ce fait, ils sont obligés de les importer pour favoriser le développement économique et social de leur population. Par conséquent, ils ont besoin de devises pour financer leurs importations. Le problème est de savoir si les moyens financiers propres en devises dont disposent les pays de ce continent considérés dans leur ensemble sont utilisés pour financer leurs importations.

« Selon des estimations très prudentes, on chiffre le montant des capitaux qui ont fui l'Afrique entre 1976 et 1997 à près de 3 milliards de dollars en moyenne par an, soit une perte annuelle de 2,6 % du PIB (Lensink *et al.*, 2000). D'autres estimations chiffrent à plus de 13 milliards de dollars par an les capitaux qui ont fui entre 1991 et 2004, soit un pourcentage vertigineux de 7,6 % du PIB annuel (Salisu, 2005). Le stock cumulé de capitaux ayant fui l'Afrique subsaharienne entre 1970 et 1996 est chiffré à environ 285 milliards de dollars. Sachant que la dette extérieure combinée de la région était de 178 milliards de dollars en 1996, on peut soutenir que cela fait de l'Afrique subsaharienne un « pays créancier » (en termes nets) vis-à-vis du reste du monde (Boyce et Ndikumana, 2001). » (Conférence des Nations Unies sur le commerce et le développement, *Le développement économique en Afrique*, p.32. Publication des Nations Unies, 2007).

Ces estimations appellent plusieurs remarques. 1° Les habitants de ces pays placent des montants considérables sur le marché financier international (pour certains pays, ces montants représentent l'équivalent d'environ une fois et demie leurs dettes extérieures). 2° Certains de ces pays auraient pu augmenter leurs importations, sans endettement, pour un montant de 285 milliards de dollars. Autrement dit, ils auraient pu réaliser beaucoup plus d'investissements pour favoriser le développement de leur économie. 3° Si ces fuites de capitaux n'existaient pas, certains pays africains pourraient financer, grâce à leurs propres ressources, une partie considérable de leur développement et, de ce fait, ils n'auraient pas d'endettement extérieur ou auraient un montant d'endettement beaucoup moins élevé. Par conséquent, ces pays n'auraient pas ou auraient moins de charges financières extérieures à payer. 4° La fuite des capitaux diminue le pouvoir d'achat des pays africains sur le marché international pour le montant placé à l'étranger. 5° Cette fuite des capitaux financiers plonge certains pays africains dans une situation préoccupante, car, actuellement, c'est le poids des charges de l'endettement extérieur qui les empêche de financer leur développement.

Or, nous savons que depuis quelques années les Organisations Internationales ne s'opposent plus à la fuite des capitaux, au contraire, elles défendent une sorte de mondialisation particulière et son corollaire : la libre circulation des capitaux. Mais en défendant la libre circulation des capitaux, ces organisations encouragent et légitiment la fuite des capitaux. Il n'est pas sans intérêt de rappeler que, durant des décennies, les Organisations Internationales, telles que la Banque Mondiale, ont publié des documents sur le montant de la fuite des capitaux et son incidence sur l'évolution économique et sociale des pays en développement, tentant de la dénoncer, mais sans prendre les mesures aptes à l'écarter ou à diminuer son ampleur. Il est vrai que le fonctionnement du système monétaire et financier international actuel n'est pas compatible avec les mesures qui permettraient de l'écarter ou de diminuer son ampleur. Les conséquences néfastes de la fuite des capitaux financiers nous permettent de dénoncer non seulement cette fuite des capitaux, mais aussi l'attitude des Organisations Internationales et surtout le fonctionnement du système monétaire et financier international actuel, car, nous l'avons vu, la fuite des capitaux des pays africains leur est particulièrement préjudiciable.

III. Constat politique

Quelques cas d'exception mis à part, ce sont les régimes démocratiques qui sont les plus aptes à atteindre le principal objectif de l'économie. Or, la plupart des pays africains ne bénéficient pas d'un régime démocratique, ce qui signifie que leurs dirigeants n'ont pas de véritable légitimité ; de ce fait, excepté pour quelques dirigeants éclairés, il n'est pas certain qu'ils mettent au centre de leurs véritables préoccupations les conditions favorables à l'évolution économique de leur pays, évolution qui profiterait à l'ensemble de leur population. Ces dirigeants briguent le pouvoir pour le pouvoir, pour en profiter et en faire profiter leur famille et leurs protégés. Pour atteindre leur objectif, ils sont prêts à signer des accords qui donnent aux cartels d'achat ainsi qu'à certaines entreprises des privilèges exorbitants concernant l'exploitation et l'exportation des ressources naturelles de leur pays (matières premières, gisements de pétrole, forêts, etc.), et aux entreprises dites multinationales le droit de s'implanter dans les pays qu'ils dirigent. Ces dirigeants ne peuvent pas à la fois réaliser leur objectif personnel et les objectifs de l'économie, car ces deux objectifs ne sont pas compatibles. Cette situation engendre des conséquences néfastes et entrave le développement des pays qu'ils dirigent.

En effet, on constate que les dirigeants de certains pays africains, les membres de leur famille et leurs protégés possèdent des sommes considérables sur leurs comptes dans les banques étrangères, surtout dans les pays industrialisés (très souvent, ce constat est officialisé lorsque le pays change de mains sans qu'il y ait un véritable changement de régime). Ces placements dans les banques étrangères laissent entendre que ces dirigeants n'ont confiance ni dans leur propre régime, ni dans l'avenir de l'évolution économique de leur propre pays puisqu'ils s'assurent ainsi un avenir confortable à l'étranger au cas où la situation dans leur pays ne leur serait plus favorable. Il est certain qu'un tel manque de confiance dans l'avenir de leur propre pays de la part des dirigeants ne favorise pas les conditions de la réalisation du développement.

Précisons que le constat de ce qui se passe depuis l'indépendance permet de dire que les luttes pour le pouvoir dans certains pays africains ont, en grande partie, pour unique objectif l'enrichissement personnel. Le comportement de certains dirigeants et la situation économique et sociale ont déçu les espoirs que les populations de ces pays avaient placés dans leur indépendance.

IV. Les pays industrialisés face aux problèmes des pays africains

Il est vrai que chaque pays doit organiser les conditions qui favorisent son développement et que la responsabilité de cette organisation incombe essentiellement à ses dirigeants. Toutefois, il est vrai aussi que, quelles que soient les ambitions et la volonté des dirigeants qui souhaitent favoriser l'évolution économique de leur pays, celles-ci peuvent être limitées, non seulement par le niveau de formation de leur population active, mais aussi par les ressources financières que leur pays peut constituer à l'intérieur et obtenir de l'extérieur. Nous savons que les ressources intérieures de certains pays africains ne suffisent pas à financer leur véritable développement. Lorsque ces ressources existent et qu'elles sont suffisantes, il n'est pas certain qu'elles puissent se transformer en capital productif, car ces pays n'en produisent pas ou pas suffisamment. Par conséquent, ils sont obligés d'importer des biens d'équipement, en totalité ou en partie. La capacité de financement de l'importation de ces produits, sans endettement, est limitée par les ressources que ces pays obtiennent de l'extérieur en devises. Le montant de ces ressources dépend en grande partie du résultat des échanges que ces pays entretiennent avec les autres et en particulier avec les pays industrialisés. Ainsi, les devises (devises qui doivent dépasser le montant leur permettant de financer l'importation des produits de consommation) sont nécessaires pour financer l'achat des équipements indispensables à la réalisation de leur développement.

Les pays africains obtiennent des ressources extérieures essentiellement grâce à l'exportation de matières premières, de produits agricoles, de produits artisanaux et manufacturés et grâce aux devises envoyées par les émigrés. Le niveau de ces ressources dépend, d'une part, de la quantité et du prix des produits et des ressources naturelles qu'ils exportent, d'autre part, du taux de change de leur monnaie par rapport aux monnaies des pays industrialisés. Par conséquent, nous devons savoir comment sont déterminés le prix des matières premières et le prix des produits agricoles, savoir si les taux de change des monnaies des pays africains, par rapport à la monnaie de référence (la monnaie considérée actuellement comme monnaie internationale), sont déterminés dans le respect de la parité des pouvoirs d'achat. Ainsi, en étudiant les relations d'échange entre les pays industrialisés et les pays africains, nous serons à même d'établir si l'attitude des pays industrialisés est favorable ou non aux pays africains.

IV.1. La détermination du prix des matières premières et des produits agricoles réalisés dans les pays africains et destinés à l'exportation

Une étude de l'évolution du prix des matières premières, des années cinquante à nos jours, permet de constater une baisse quasi générale du prix de ces matières (exception faite du prix du pétrole et des matières premières sur quelques périodes seulement), par rapport au niveau du prix des produits importés des pays industrialisés (cf. tableau n°3). Une étude du prix des produits agricoles exportés par les pays africains vers les pays industrialisés permet de constater la détérioration du pouvoir d'achat obtenu par l'exportation d'une même quantité de produits agricoles par rapport au prix des produits manufacturés importés.

Or, cette détérioration du pouvoir d'achat réel s'est réalisée de façon paradoxale. En effet, la production des produits agricoles dans les pays africains n'a pas bénéficié d'un véritable progrès technique qui aurait permis de réaliser une amélioration de la productivité du travail, tandis que la réalisation des produits manufacturés dans les pays industrialisés a bénéficié d'un apport important du progrès technique qui a permis une nette amélioration de la productivité du travail. Si l'on appliquait le principe de la détermination du coût de production qui fonde la détermination des prix et, par conséquent, la parité des pouvoirs d'achat et si l'on appliquait les termes de l'échange constants des matières premières, on devrait constater une baisse du prix des produits industriels par rapport au prix des produits agricoles. Autrement dit, on devrait constater une augmentation de la quantité de produits manufacturés importée pour la même quantité de produits agricoles et de matières premières exportée par les pays africains. Or, il n'en est rien, en fait on constate une évolution située à l'opposé de ce que commande la détermination des prix en rapport avec les coûts de production et l'application des termes de l'échange constants.

Tableau n° 3
Termes de l'échange du commerce extérieur (base 100 en 1963)

Tiers-Monde à économie de marché			
	Pays non exportateurs de pétrole	Pays exportateurs de pétrole	Ensemble
1948	96	-	95
1950-54	115	100	111
1970-72	107	98	90
1973-75	116	236	147
1979-81	106	486	225
1985-87	95	365	189
1988-93	80	269	159
1994-96	74	241	151

CNUCED, Manuel de statistiques du commerce international et du développement, FMI, International financial statistics.

Cette baisse du pouvoir d'achat réel résultant de l'exportation des produits agricoles et des matières premières des pays africains constitue l'une des causes du retard de l'évolution de l'économie de ces pays. En effet, cette diminution du pouvoir d'achat réel de la même quantité de matières premières et de produits exportés par les pays africains a diminué leurs propres possibilités de financement extérieur, financement nécessaire à l'achat des biens d'équipement indispensables à leur développement économique. Elle constitue l'une des raisons de l'augmentation de l'endettement extérieur des pays africains et, donc, de l'entrée de certains de ces pays dans une situation de surendettement.

Comment expliquer les raisons de la détérioration du pouvoir d'achat réel des ressources obtenues par l'exportation de la même quantité de matières premières et de produits agricoles ? En d'autres termes, pour quelles raisons les pays africains n'ont-ils pas bénéficié d'une hausse des prix des matières premières et des produits qu'ils exportent qui aurait permis de maintenir au moins leur pouvoir d'achat réel sur les produits qu'ils importent ?

Dans les relations des échanges internationaux actuels, qui concernent les matières premières et les produits agricoles, deux éléments conjoints empêchent les pays africains de choisir de vendre ou de ne pas vendre leurs matières premières et leurs produits agricoles, c'est pourquoi nous étudierons l'ensemble des prix, en pouvoir d'achat réel, des produits agricoles et des matières premières.

Premièrement, ces pays trouvent face à eux des cartels d'achat constitués par des groupes financiers puissants qui détiennent un quasi-monopole pour écouler produits agricoles et matières premières au niveau international.

Deuxièmement, les pays africains, pris individuellement, exportateurs de produits agricoles et de matières premières n'ont ni les moyens financiers, ni les infrastructures (essentiellement les moyens de transport) nécessaires pour acheminer eux-mêmes ces produits vers les pays industrialisés et les y écouler. De ce fait, ils sont tributaires des cartels d'achat qui imposent leurs prix et ceux qui n'accepteraient pas de vendre leurs produits pour le prix fixé par les cartels se verraient écartés du marché et ne parviendraient pas à écouler leurs matières premières ni leurs produits.

La domination des cartels d'achat, sur le marché international de ces produits et des matières premières, appelle plusieurs remarques.

1° Le bas prix des matières premières et des produits agricoles, imposé par les cartels, est hautement préjudiciable aux pays africains qui ont besoin de ces ressources pour financer leur développement.

2° Pour les pays africains les moins avancés, l'exportation des produits agricoles et des matières premières constitue la principale ressource extérieure. Ainsi, la baisse du prix de ces produits et des matières premières, en pouvoir d'achat réel, constitue l'une des causes de l'augmentation de la demande de ces pays sur le marché financier international et, par conséquent, elle aggrave leur situation d'endettement extérieur. En effet, il y a une cinquantaine d'années, compte tenu du prix des matières premières et des produits agricoles fixé à l'époque, certains pays exportateurs espéraient financer leur développement, au moins en partie, grâce aux ressources qu'ils pensaient pouvoir obtenir par l'exportation de ces produits[8]. Certains pays ont établi les plans de financement de leur développement en comptant sur ces ressources. Or, la baisse du prix de ces produits en pouvoir d'achat réel et, par conséquent, l'augmentation du prix des équipements importés ont fait entrer dans une phase d'endettement puis dans le cercle vicieux du surendettement les pays qui se trouvent dans l'impossibilité d'honorer leur dette et de payer les charges de leur endettement par leurs exportations. Ainsi constatons-nous que la baisse des prix de ces produits et des matières premières à l'exportation a fait baisser leur propre capacité à financer leur développement, mais aussi qu'elle a aggravé leur situation d'endettement, situation qui n'est favorable ni à ces pays, ni à leurs créanciers.

3° L'augmentation de leur dette engendre un alourdissement des charges de leur endettement dû au remboursement du capital et des intérêts qui s'y grèvent, freinant ainsi l'évolution économique de ces pays et retardant pour eux la perspective d'entrer dans une véritable phase de développement.

4° Il découle des 2° et 3° points le résultat suivant: l'alourdissement des charges de la dette et l'insuffisance des ressources extérieures de ces pays engendrent une situation d'endettement extérieur perpétuel. En effet, pour pouvoir honorer sa dette extérieure, un pays doit réaliser une balance commerciale excédentaire. Or, dans les conditions que nous venons de voir, les

---

[8] Deux exemples permettent d'appréhender la situation d'incertitude dans laquelle se trouvent certains pays africains exportateurs de produits agricoles. Les cours du cacao ont été en chute libre durant une bonne partie de l'année 2000. Ils ont atteint leur plus bas niveau depuis 28 ans. Les cours du café ont baissé de près de 50% en 2000. (Source : AfD – DCI/DOC Produitdoc - Bulletin annuel des matières premières - 2000.)

pays africains les moins avancés économiquement n'ont pas la possibilité de réaliser une balance commerciale excédentaire.

5° Il découle du 4° point que les pays africains les moins avancés économiquement se trouvent dans l'impossibilité d'honorer leur dette vis-à-vis des pays créanciers, situation qui n'est favorable ni aux pays ou organismes créanciers, ni aux pays endettés, surtout les moins avancés. En effet, si les pays endettés ne réalisent pas une balance commerciale excédentaire, ils se trouvent dans l'impossibilité d'honorer leurs dettes. Mais en même temps, ils sont obligés d'utiliser une grande partie de leurs ressources extérieures pour payer les charges de leurs dettes, sans toutefois parvenir à se désendetter totalement. Cette situation leur enlève toute chance de réaliser un développement durable, car la possibilité de financer par leurs propres ressources l'achat des biens d'équipement nécessaires à la réalisation de leur développement sera de plus en plus hors de portée pour eux.

IV.2. L'une des causes du pillage des pays africains : la sous-évaluation de leurs monnaies par rapport aux monnaies des pays industrialisés

La différence entre le prix d'achat des produits artisanaux et manufacturés réalisés dans les pays africains et le prix de vente de ces produits importés et vendus dans les pays industrialisés pose un autre problème : celui de savoir quelle est la cause de cette importante différence de prix. En effet, on constate que, dans les pays industrialisés, le prix de vente des produits réalisés dans les pays africains est plusieurs fois (si ce n'est plusieurs dizaines de fois) plus élevé que leur prix d'achat. Les principes qui fondent la détermination de la parité des pouvoirs d'achat nous permettent d'affirmer que la cause de cette différence de prix réside dans la façon dont sont déterminés les taux de change des monnaies des pays africains par rapport aux monnaies des pays industrialisés.

Si certains auteurs pensent pouvoir justifier cette différence de prix par l'affirmation selon laquelle la main-d'œuvre est moins chère dans les pays africains que dans les pays industrialisés, nous serons amené à démontrer (dans cette-même sous-section) que cette affirmation qui semble vraie est en réalité fausse. Ces auteurs, pour justifier leur affirmation, ne la fondent pas sur un raisonnement rationnel, mais uniquement sur une étude empirique consistant à observer ce qui se passe dans l'économie, ce qui leur permet de persister en disant que leur justification est confirmée par la réalité. Nous n'ignorons pas cette réalité actuellement observée, mais nous voulons démontrer que ces différences de prix sont dues au non-respect des règles de l'économie et dénoncer les conséquences néfastes de ce non-respect pour les pays africains exportateurs. Seule une analyse fondée sur un raisonnement rationnel peut établir en quoi cette réalité n'est pas conforme au respect des règles de l'économie et permettre d'établir analytiquement la cause de l'apparition de cette différence de prix. En effet, cette différence de prix pour un même produit, dans le pays producteur et dans les pays où il est vendu, apparaît du simple fait que la règle qui doit guider la détermination des taux de change n'est pas respectée.

Nous devons démontrer que ce non-respect de la règle qui fonde la détermination des taux de change a essentiellement deux conséquences néfastes pour les pays africains et une conséquence néfaste pour les pays industrialisés.

Avant d'étudier ces conséquences, précisons que la détermination des taux de change est fondée sur la règle qui détermine la parité des pouvoirs d'achat. Si 100 UM_a (unités de monnaie du pays A) permettent d'acheter un panier de produits dans le pays A, et si 200 UM_b (unités de monnaie du pays B) permettent d'acheter un panier de produits sensiblement équivalents dans le pays B, le taux de change entre ces deux monnaies s'établit de la façon suivante : 1 UM_a = 2 UM_b. Le taux de change ainsi fixé permet d'acheter avec 1 UM_a ou avec 2 UM_b la même quantité de produits dans le pays A et dans le pays B. Ainsi, si les taux de change sont établis dans le respect de la parité des pouvoirs d'achat, il ne doit pas exister de véritable différence entre le prix des produits réalisés dans les pays africains et leur prix de vente dans les pays industrialisés. Il résulte de cette détermination que la différence de prix des mêmes produits dans les pays industrialisés et dans les pays africains est une conséquence de la sous-évaluation des monnaies des pays africains par rapport aux monnaies des pays industrialisés. Aussi, si la parité des pouvoirs d'achat était respectée, on ne pourrait plus dire que la main-d'œuvre est moins chère dans certains pays que dans d'autres.

Etudions les conséquences de la sous-évaluation des monnaies des pays africains, pour ces pays et pour les pays industrialisés.

1° Actuellement, du fait du non-respect de la règle qui permet de déterminer les taux de change entre les monnaies des pays africains et les monnaies des pays industrialisés, les pays africains, producteurs et exportateurs de certains produits, n'obtiennent pas l'équivalent de leurs produits exportés et, de ce fait, ne constituent pas les ressources en devises qui leur sont dues et qui leur permettraient de faciliter le financement de leur développement, c'est-à-dire les ressources qui leur permettraient de financer plus facilement l'achat de biens d'équipement par leurs propres moyens.

Nous venons de voir que, si la parité des pouvoirs d'achat est respectée, le taux de change entre la monnaie d'un pays A et la monnaie d'un pays B s'établit comme suit : 1 UM_a = 2 UM_b. Si ce taux de change est respecté, cela signifie, par exemple, qu'avec 100 UM_a ou 200 UM_b on achète 100 UP (un panier de produits) indifféremment dans le pays A ou dans le pays B. Mais si la parité des pouvoirs d'achat n'est pas respectée, s'établit un taux de change arbitraire. Supposons qu'il soit de : 1 UM_a = 4 UM_b ; dans ce cas, le pays B doit vendre 200 UP pour acheter 100 UP dans le pays A. Cette situation permet de constater que l'équivalence dans les échanges n'est pas respectée ; dans cet exemple, le pays dont la monnaie est sous-évaluée obtient seulement la moitié des produits auxquels il a droit.

2° Cette sous-évaluation des monnaies des pays africains par rapport aux monnaies des pays industrialisés est partiellement responsable du pillage des pays africains. Ce pillage se manifeste par le fait que les pays africains exportateurs n'obtiennent pas l'équivalent de leurs produits en échange de leurs exportations. Ce pillage est occulté et légitimé par les taux de change qui sont imposés aux pays africains, dans le non-respect du principe de la parité des pouvoirs d'achat. C'est l'hypocrisie, ou l'ignorance, ou les deux à la fois, des dirigeants des Organisations Internationales (le FMI et la Banque Mondiale), des dirigeants des pays industrialisés et des « économistes » qui défendent ces taux de change, qui permettent de faire perdurer ce pillage des pays africains.

3° Pour les pays industrialisés, la conséquence de la sous-évaluation des taux de change des pays en développement se traduit par des délocalisations d'entreprises. La production réalisée par ces entreprises dans les pays en développement est écoulée dans les pays industrialisés. Ces délocalisations sont motivées par la recherche d'un profit maximum immédiat destiné à satisfaire les appétits de leurs financiers. Ce profit maximum, réalisé par les entreprises délocalisées, est le résultat de la sous-évaluation des monnaies des pays en développement. Or, ces délocalisations constituent l'une des principales causes de l'augmentation du nombre des chômeurs dans les pays industrialisés, de l'aggravation des inégalités et de l'augmentation de l'insécurité dans ces pays.

D'aucuns voudraient faire croire que ces délocalisations, du fait qu'elles permettent d'augmenter la production dans les pays en développement, diminueraient la pauvreté de ces pays. Ce constat hâtif appelle deux remarques.

Premièrement, cela supposerait que la diminution de la pauvreté dans les pays africains passerait nécessairement par l'augmentation du chômage et, par conséquent, par l'augmentation des inégalités dans les pays industrialisés. Or, recommander les délocalisations pour diminuer la pauvreté dans les pays africains est un non-sens, elle n'est pas fondée sur un raisonnement rationnel. L'enrichissement mutuel des pays passe par l'augmentation de la production dans l'ensemble des pays.

Deuxièmement, les pays africains profiteraient de ces délocalisations seulement s'ils obtenaient l'équivalent de leurs exportations, c'est-à-dire si les taux de change étaient déterminés dans le respect de la parité des pouvoirs d'achat. Or, actuellement, les taux de change des monnaies des pays africains ne sont pas établis dans le respect de ce principe. Par conséquent, il est certain que la production ou sa contrepartie, c'est-à-dire le résultat des exportations des produits réalisés par les entreprises délocalisées, ne profite pas pleinement aux habitants des pays où ces entreprises s'implantent, et cela pour deux raisons. D'une part, comme nous venons de le voir, les monnaies des pays africains sont sous-évaluées par rapport aux monnaies des pays industrialisés, ce qui signifie que les pays africains n'obtiennent pas l'équivalent des produits artisanaux et manufacturés qu'ils exportent. D'autre part, il n'est pas certain que le résultat en devises des exportations des pays africains, quel qu'il soit, leur profite vraiment (du fait de la corruption et de l'évasion des capitaux). Enfin, est-il besoin de le rappeler, la sous-évaluation des monnaies des pays africains constitue la principale raison qui incite les financiers des entreprises des pays industrialisés à délocaliser leur production et c'est cette sous-évaluation qui leur permet de réaliser des plus-values substantielles. En fait, si les taux de change étaient établis dans le respect de la parité des pouvoirs d'achat, de telles délocalisations n'auraient plus lieu d'être, car il n'y aurait plus de surprofit pour les entreprises qui délocalisent.

Si l'on souhaite favoriser véritablement l'augmentation de la production et, donc, diminuer la pauvreté dans les pays africains, l'une des premières mesures à prendre consiste à revaloriser les prix des matières premières et des produits agricoles et à établir les taux de change des monnaies de ces pays dans le respect des principes de la parité des pouvoirs d'achat. Ces mesures leur permettraient de financer la totalité ou une plus grande partie de l'importation des capitaux indispensables à leur développement. Ces mesures diminueraient leurs besoins d'emprunts extérieurs et leur permettraient d'assumer plus facilement les charges de leurs dettes.

Actuellement, la détermination des prix des matières premières, des produits agricoles et des taux de change des monnaies des pays africains par rapport aux monnaies des pays industrialisés obéit à la loi du plus fort, inspirée du libéralisme néoclassique, et imposée par de grandes puissances financières. Les dirigeants des Organisations Internationales qui ont en charge la responsabilité des problèmes économiques, monétaires et financiers, en restant indifférents ou en acceptant ces prix et ces taux de change, acceptent que la loi du plus fort s'exerce et, de ce fait, ils portent une grande part de la responsabilité du pillage, de l'alourdissement de l'endettement et du retard économique des pays africains.

Il est indispensable que les dirigeants des Organisations Internationales et les dirigeants nationaux prennent véritablement conscience des conséquences néfastes de cette situation et mettent en œuvre les mesures qui s'imposent afin d'écarter ces maux. Toutefois, pour cela, ces dirigeants doivent non seulement connaître les règles du fonctionnement normal de l'économie nationale et de l'économie internationale, mais aussi en imposer l'application et le respect. En effet, lorsque ces règles seront respectées, l'évolution économique d'un pays ne se réalisera plus au détriment d'autres pays.

IV.3. Les politiques égoïstes des pays industrialisés à l'égard des pays africains

Dans la sous-section précédente, nous avons vu que le bas prix des matières premières et des produits agricoles ainsi que la sous-évaluation des monnaies des pays africains amputent ces pays d'une partie de leurs possibilités financières, les empêchant de financer l'achat des biens d'équipement indispensables à leur développement, ce qui les rend encore plus dépendants des marchés financiers étrangers privés et publics et des Organisations Internationales. Cette situation doit être dénoncée, car elle constitue aussi une sorte de pillage « organisé » de ces pays par les pays industrialisés. Cela est d'autant plus grave que ce pillage est légitimé par la propagande des cartels qui font croire qu'ils aident les pays africains et par des artifices qui permettent actuellement de fixer les taux de change et les prix des matières premières et des produits agricoles à des niveaux très bas dans une indifférence quasi générale.

Les hommes politiques des pays industrialisés pensent et font croire aux populations de leur pays que cette situation leur est favorable. Ils pensent qu'en achetant à bas prix les produits et les matières premières des pays africains, ils feront bénéficier leurs concitoyens d'un pouvoir d'achat plus élevé. Or, nous avons démontré que les taux de change défavorables aux pays africains ne favorisent pas non plus la situation des pays industrialisés, car ils constituent l'une des principales causes des délocalisations qui font augmenter le nombre des chômeurs et, donc, qui font croître les inégalités sociales. Ces délocalisations, en revanche, favorisent les actionnaires des cartels d'achat et des entreprises délocalisées qui sont à la recherche d'un profit maximum et immédiat. Cela permet de dire que, en dernière analyse, les dirigeants des pays industrialisés et des Organisations Internationales qui favorisent et facilitent ces délocalisations sont, consciemment ou inconsciemment c'est-à-dire par ignorance, au service des actionnaires de ces cartels et de ces entreprises et non au service de leur pays, de l'ensemble des pays et de l'immense majorité de leur population.

Nous avons pour objectif de démontrer que la politique des dirigeants des pays industrialisés à l'égard des pays africains est une politique à courte vue, qui est défavorable aux pays africains sans être pour autant favorable à l'ensemble des citoyens des pays industrialisés.

Il est vrai que l'échange constitue le fondement de la réalisation de l'enrichissement mutuel, néanmoins nous devons préciser que cette affirmation ne prend tout son sens que lorsque les échanges se réalisent dans le respect des règles de l'économie, la première de ces règles étant la parité des pouvoirs d'achat. Toutefois, nous devons ajouter que l'enrichissement mutuel sera pleinement réalisé lorsque, d'une part, les échanges se feront dans le respect de l'équivalence, d'autre part, les pays africains acheteurs nets, qui financent leurs importations par l'endettement, auront davantage la possibilité d'honorer leur dette. Or, actuellement, les échanges entre pays africains et pays industrialisés ne sont pas réalisés dans le respect de l'équivalence, de ce fait, ils ne sont pas favorables aux pays africains. La raison en est que les taux de change de leurs monnaies leur sont défavorables et que les cartels d'achat imposent leurs prix aux pays exportateurs de matières premières et de produits agricoles. De ce fait, certains pays africains se trouvent dans l'impossibilité d'honorer leurs dettes, puisqu'ils sont dans l'impossibilité de réaliser une balance commerciale excédentaire, condition nécessaire pour assurer les charges de leurs dettes. Par conséquent, les créanciers se trouvent dans l'impossibilité de récupérer les créances qu'ils accordent aux pays africains. On le voit, non seulement cette situation n'est pas favorable aux pays africains, mais elle n'est pas favorable non plus aux pays industrialisés car ce qu'ils gagnent d'un coté, ils le perdent de l'autre, du fait qu'ils ne peuvent pas récupérer leurs créances sur les pays africains, tout en aggravant l'endettement extérieur de ces pays.

On pourrait, bien sûr, avancer l'objection suivante : l'échange n'a lieu que lorsque les acheteurs et les vendeurs se mettent d'accord librement sur le prix des produits, sur le prix des matières premières, c'est donc la loi du marché qui doit s'imposer. Cette objection prend tout son sens dans une situation où le marché fonctionne de façon normale, c'est-à-dire lorsqu'il respecte les règles de l'économie. Mais nous avons vu que les prix des matières premières et des produits agricoles sont imposés par les cartels d'achat et que les taux de change sont défavorables aux pays africains. Autrement dit, les prix de ces produits et des matières premières ne sont pas déterminés dans le respect de la liberté des pays vendeurs et les taux de change sont déterminés dans le non-respect de la parité des pouvoirs d'achat.

Un premier pas vers la solution qui permettrait d'écarter la sous-évaluation des taux de change et les conséquences néfastes du bas prix des matières premières et des produits agricoles passe par une réelle prise de conscience de la part des dirigeants des Organisations Internationales et des pays industrialisés. Cette prise de conscience amènerait ces dirigeants, d'une part, à démanteler les cartels d'achats dont l'existence n'est pas compatible avec l'économie libre de marché, d'autre part, à exiger que soit appliquée la règle fondamentale qui doit gouverner la détermination des taux de change, à savoir la règle qui impose le respect de la parité des pouvoirs d'achat.

Nous le voyons, la revalorisation du prix des matières premières et des produits agricoles est une décision politique qui concerne essentiellement les dirigeants des pays industrialisés et passe, dans un premier temps, par le démantèlement des cartels d'achat. Il est vrai que certains dirigeants des pays industrialisés et des Organisations Internationales se fondent sur les idées d'un certain libéralisme qui n'est pas favorable à l'intervention de l'Etat dans le domaine économique. Or, ils devraient savoir, d'une part, que l'existence même des cartels va à l'encontre du véritable libéralisme, d'autre part, que l'une des attributions des Etats et des Organisations Internationales qui ont en charge les problèmes économiques est de faire respecter les règles qui découlent des principes de l'économie.

Il faut que ces dirigeants et ces organisations jouent leur véritable rôle dans le domaine de l'économie politique, en appliquant les règles qui régissent le fonctionnement normal de l'économie, ce qui les amènera à démanteler les cartels. Jusqu'à présent, en s'abstenant d'intervenir, en prenant pour prétexte les exigences d'un certain libéralisme, ils ont failli à leur fonction et, de ce fait, se sont rendus complices des cartels au détriment des pays africains. C'est l'application des règles économiques qui, seule, peut permettre le fonctionnement harmonieux de l'économie et écarter les injustices dont sont victimes, notamment, les pays africains.

Le rétablissement de taux de change passant par l'application du respect de la parité des pouvoirs d'achat permettrait d'écarter l'une des causes du pillage légitimé des pays africains. Cette application dépend essentiellement de la volonté des dirigeants des Organisations Internationales et en particulier de ceux du Fonds Monétaire International (F.M.I.) qui, d'après la charte de Bretton-Woods, a en charge de veiller à ce que ce principe soit respecté. En effet, les principaux rôles que les Organisations Internationales ont dans leurs attributions leur imposent le devoir de veiller à la bonne marche du système monétaire et financier international et de prendre les mesures susceptibles de favoriser le développement des pays les moins avancés. Or, ces organisations sont actuellement essentiellement occupées à éviter l'apparition des crises financières (sans y parvenir véritablement), crises qui pourraient toucher les marchés financiers des pays industrialisés et mettre en danger les placements, ainsi que les revenus qui en découlent. Autrement dit, actuellement ces organisations ne sont pas au service des nations, mais au service des financiers.

On sait que les dirigeants de certains pays refusent d'intervenir pour que soit mise en œuvre la revalorisation des prix des matières premières et des produits agricoles et pour que soit appliqué le principe de la parité des pouvoirs d'achat, principe sur lequel doit être fondée la détermination des taux de change des monnaies des pays africains par rapport aux monnaies des pays industrialisés. Ce comportement peut, à première vue, sembler favorable aux pays industrialisés. Cette absence de réaction, de la part de ces dirigeants, peut être considérée comme un geste égoïste visant à préserver les privilèges des pays industrialisés au détriment des pays africains. Par ailleurs, il est possible que cette absence de réaction soit influencée par les dirigeants des cartels et par les importateurs des produits artisanaux (dont les produits agricoles) et manufacturés réalisés dans les pays en développement. Or, cette situation est d'autant moins tolérable qu'elle est néfaste pour tous les pays dans leur ensemble, pays industrialisés compris.

En effet, les dirigeants des cartels et les importateurs des produits destinés aux pays industrialisés sont à la recherche de la plus-value maximum pour leurs actionnaires ou pour eux-mêmes, plus-value qui est réalisée au détriment des pays en développement et qui ne favorise pas l'évolution économique des pays les moins avancés, pas plus qu'elle ne favorise la réalisation de l'enrichissement mutuel. Nous savons que plus un pays parvient à vendre (plus il retire de ressources financières de ses exportations), mieux il peut financer ses importations et moins il s'endette. Autrement dit, plus un pays se développe, plus il a la possibilité de participer à la réalisation de l'enrichissement mutuel.

Or, actuellement, les pays les moins avancés économiquement se trouvent dans l'impossibilité de financer l'ensemble de leurs achats par leurs ventes, ce qui signifie qu'ils ne participent pas pleinement à la réalisation de l'enrichissement mutuel. Ces pays financent une grande partie de leurs achats par des emprunts, mais sans pouvoir les rembourser, en partie ou en totalité selon les pays. En effet, pour pouvoir rembourser leurs dettes extérieures et les charges qui s'y ajoutent, ils doivent réaliser une balance commerciale excédentaire. Mais un certain nombre de pays africains seront dans l'impossibilité de la réaliser avant plusieurs décennies. Cette échéance se trouve d'autant plus repoussée que les charges de leur dette, le prix des matières premières et des produits agricoles et les taux de change, qui leur sont défavorables, diminuent leurs propres possibilités de financement des importations indispensables à leur développement. C'est là l'une des principales raisons pour lesquelles, actuellement, une bonne partie des pays africains se trouvent dans une situation de surendettement.

En outre, dans le système financer international actuel, pour financer l'évolution de leur économie, les pays africains sont obligés de s'endetter auprès des Organisations Internationales et des organismes financiers privés ou publics. Or, les créanciers des pays africains ne seront pas remboursés tant que ces pays ne parviendront pas à réaliser une balance commerciale excédentaire. Nous le voyons, la situation actuelle n'est favorable ni aux pays africains ni aux pays industrialisés. L'égoïsme de ces derniers, qui veulent préserver leurs privilèges, ne leur est favorable ni à moyen terme ni à long terme et il est encore moins favorable aux pays africains.

Le jour où les pays africains parviendront à vendre autant qu'ils ont besoin d'acheter, l'enrichissement mutuel qui résulte des échanges pourra enfin être réalisé. L'une des décisions qui permettraient la réalisation de l'enrichissement mutuel passe par la revalorisation du prix des matières premières et des produits agricoles, il passe aussi par le rétablissement des taux de change dans le respect de la parité des pouvoirs d'achat pour l'ensemble des pays. Autrement dit, la politique égoïste des pays industrialisés, favorisée par les Organisations Internationales actuelles, est une politique à courte vue, car elle est défavorable aux pays africains, sans être véritablement favorable aux pays industrialisés. Elle ne profite qu'aux cartels, aux financiers des entreprises qui délocalisent et aux importateurs des pays industrialisés qui importent des produits manufacturés réalisés dans les pays en développement.

V. Les conflits locaux et civils

Aucune guerre locale ou civile, d'aucune période, ne peut être justifiée, mais il semble que la plupart des guerres aient une raison principale, qui est économique. A des époques reculées de l'histoire, certaines tribus ou nations se faisaient la guerre essentiellement pour satisfaire leurs besoins alimentaires ou conquérir des terres cultivables. En effet, le plus souvent, ces tribus et nations ne pouvaient pas obtenir ce qu'elles souhaitaient par des échanges, soit du fait que la tribu ou nation qui déclenchait le conflit n'avait pas de produits à donner en échange, soit du fait que la tribu ou nation agressée n'avait pas de surplus à vendre. Dans les cas de ce genre, c'était la loi du plus fort ou loi naturelle qui s'imposait par la force. Malheureusement, actuellement aussi, les guerres font rage, et elles ravagent essentiellement certains pays africains[9]. Or, les guerres dont la cause est économique pourraient être évitées grâce au développement et aux coopérations politiques, économiques, financières, etc. et à la solidarité internationale.

Quant aux conflits civils, ils ont le plus souvent pour causes les injustices sociales résultant du non-respect des règles qui découlent des principes de l'économie (prélèvements indus et illégitimes, corruption, détournement des résultats financiers de l'exploitation

[9] « Les guerres sont de véritables catastrophes où qu'elles éclatent. Etant donné qu'elles surviennent de manière disproportionnée dans les pays pauvres, leurs dommages affectent les pauvres du monde de manière disproportionnée aussi. Un plus grand nombre de conflits sont désormais civils. Pendant la période 1987-97, plus de 85% des conflits ont eu lieu à l'intérieur des frontières nationales (14 en Afrique, 14 en Asie et un en Europe). » (2000-2001, *Rapport sur le développement dans le monde*, P.58).

et de l'exportation des ressources naturelles), injustices sociales qui créent de criantes inégalités de revenus. On pourrait penser qu'à l'époque actuelle, l'existence de l'ONU, le développement économique et la solidarité internationale devraient écarter cette cause de conflits locaux, de même que le respect des règles économiques devrait écarter toutes les causes de conflits civils.

Mais le problème est de savoir si les Organisations Internationales (qui sont des émanations de l'ONU), par leurs actions, favorisent les conditions de la réalisation du développement économique et écartent les causes qui favorisent actuellement l'application de la loi du plus fort ; les dirigeants politiques prennent-ils des mesures pour faire appliquer les règles de l'économie et écarter les causes des guerres civiles ? On voit bien que la réponse est non.

Quoi qu'il en soit et quelles que soient leurs causes, dans les pays africains, les conflits locaux et civils créent une situation qui engendre un énorme gaspillage des ressources humaines et financières ; de ce fait, ils contribuent grandement à retarder l'entrée de certains pays dans la phase du développement. En effet, pour engager et entretenir ces conflits, il faut non seulement engager des hommes et financer leur entretien, mais aussi financer l'achat d'armes. Le financement de l'achat d'armes engendre le plus souvent une augmentation de la dette extérieure de ces pays, tout comme le financement de l'entretien des combattants constitue une cause de gaspillage des ressources financières. Autrement dit, les ressources ainsi dépensées ne sont pas utilisées pour financer le développement du pays. Quant à la potentialité humaine, il est certain que ceux qui sont engagés dans les conflits ne participent pas à la réalisation de la production ni, par conséquent, à la réalisation de l'évolution économique. Toutefois, il n'est pas à exclure que, dans ces pays où le taux de chômage est très élevé, certains dirigeants peu scrupuleux, afin de se maintenir au pouvoir, contribuent à entretenir des conflits qui occupent la jeunesse sans emploi. Or, ils pourraient exploiter cette potentialité humaine (les chômeurs) en employant utilement dans l'achat d'équipements les fonds gaspillés dans l'achat d'armements.

Il est évident qu'à notre époque, bien que les problèmes alimentaires puissent trouver des solutions, plusieurs éléments, isolés ou conjugués, se trouvent être à l'origine du déclenchement et de l'entretien des conflits locaux et civils. Les premiers responsables sont les dirigeants mégalomanes qui souhaitent maintenir ou étendre leur pouvoir. Ils fondent la « justification » de leur action sur le nationalisme, les idéologies politiques ou religieuses, ou même économiques. Ils sont le plus souvent aidés, soutenus et manipulés par ceux, à l'extérieur du pays ou à l'intérieur des pays belligérants, qui veulent profiter de cette situation pour réaliser de bonnes affaires et/ou maintenir leurs privilèges. Ils sont aussi aidés, soutenus et manipulés par certains pays dont le but est d'atteindre des objectifs économiques. A cette fin, ils doivent maintenir des positions acquises ou en obtenir de nouvelles, en écartant éventuellement d'autres pays, en imposant une idéologie ou une politique, dans le but de servir leurs intérêts. En outre, ces manipulations servent ceux qui pensent pouvoir profiter de la situation, il en est ainsi, par exemple, des marchands d'armes. Mais dans la majorité des cas, c'est la conjugaison de l'ensemble de ces éléments qui est à l'origine des conflits locaux et les fait perdurer. Nous constatons ainsi que si la cause primaire des conflits était de satisfaire les besoins économiques des tribus ou des nations, depuis un certain temps s'est ajoutée à cela une nouvelle dimension qui est de préserver ou d'obtenir des privilèges et de réaliser de « bonnes affaires ».

Il est de fait qu'il faut des armes pour faire la guerre. Or, la plupart des pays africains les moins avancés ne fabriquent pas d'armes, ils les achètent. Soit cet achat est officiel, et dans ce cas il est financé par les ressources tirées de l'exportation de matières premières ou par des emprunts accordés par les pays vendeurs, ce qui augmente l'endettement des pays concernés, soit il est officieux et, dans ce cas, il est alimenté par les trafiquants d'armes. Autrement dit, dans les deux cas ce sont les pays producteurs d'armes qui vendent des armes, directement ou indirectement, ce qui signifie que la co-responsabilité des conflits qui perdurent incombe à ces pays producteurs d'armes.

Dans certains cas, la vente d'armes aux pays africains, financée par des prêts publics (appelés aide bilatérale) venant des pays exportateurs d'armes, constitue un financement détourné. En effet, si les pays importateurs des armes ne parviennent pas à honorer la dette ainsi contractée, en dernière analyse, ce sont les pays exportateurs qui les financent. Et dans ce cas, on est en droit de se demander quels intérêts ou quels objectifs peuvent motiver les dirigeants des pays exportateurs qui vendent des armes à des pays qui ne pourront jamais les payer. Cette situation a une double explication.

Premièrement, le compte sur lequel est puisé le financement de la production ou l'achat des armes n'est pas le même que celui des prêts accordés aux pays africains ni que celui qui couvre le non-payement des dettes. Ainsi, une partie du financement de la production d'armes peut ne pas apparaître dans le budget de la défense des pays exportateurs.

Deuxièmement, les pays exportateurs qui financent les achats d'armes d'autres pays par leur propre prêt tissent des relations privilégiées avec les dirigeants de ces pays. Ces relations sont importantes sur le plan diplomatique, mais elles servent aussi et surtout à obtenir des contrats privilégiés, par exemple pour l'exploitation des matières premières ou des forêts, et à favoriser l'implantation des entreprises dites multinationales, autrement dit, à favoriser les délocalisations des entreprises nationales.

Nous pouvons constater que, dans la majorité des cas, ces exploitations et ces délocalisations sont réalisées par des entreprises étrangères privées qui sont à la recherche d'un maximum de profit. Peut-on en conclure que les dirigeants des pays industrialisés sont manipulés par les dirigeants de ces entreprises ? Toutefois, compte tenu de la situation des relations économiques et politiques du monde actuel, nous devons distinguer le cas des délocalisations des entreprises des pays industrialisés du cas des entreprises qui obtiennent le privilège d'exploiter et de commercialiser les matières premières. Nous avons vu que les délocalisations des entreprises nationales ne sont favorables qu'aux actionnaires de ces entreprises et non aux pays d'origine de ces entreprises. En revanche, il est certain que l'accès facile et sûr aux matières premières constitue un élément important pour l'évolution économique des pays industrialisés qui n'ont pas de matières premières eux-mêmes. En outre, cet accès est vital lorsqu'il s'agit de certaines matières premières telles que, par exemple, les matières énergétiques (le pétrole, le gaz et l'uranium). La pénurie des produits dont ces pays sont très dépendants paralyserait leurs industries. Cette situation de dépendance amène certains « spécialistes » de géopolitique à proposer aux dirigeants des pays industrialisés de défendre si ce n'est de mettre en place des dirigeants qui ne risquent pas de remettre en cause l'accès à l'approvisionnement de ces produits.

La proposition de ces « spécialistes » en géopolitique est non seulement condamnable sur le plan du droit et sur le plan humain, mais son application n'est pas une véritable solution à long terme au problème posé, car elle n'est favorable ni aux pays en développement ni aux pays industrialisés considérés dans leur ensemble, et cela pour une raison simple : ces régimes mis en place n'ont pas de véritable légitimité. Un régime qui n'a pas de véritable légitimité se maintient en place par la force et, de ce fait, il n'est pas apte à créer un climat de paix intérieure propre à favoriser le développement harmonieux à long terme. En outre, les rapports de force peuvent changer à l'intérieur de ces pays, avec ou sans l'intervention d'autres pays. Ces changements peuvent mettre en danger l'approvisionnement des pays industrialisés ou engendrer de brusques variations des prix des matières premières, situations qui peuvent hypothéquer l'évolution économique de ces pays.

Certains pays industrialisés, par leur comportement égoïste, qui ne tient compte que de leur propre intérêt immédiat, par la rivalité entretenue entre eux pour obtenir des positions favorables dans les pays africains exportateurs de matières premières, et par leurs ventes d'armes, de façon directe ou indirecte, sont de fait les co-responsables de certains conflits locaux. Une prise de conscience est nécessaire afin d'amener les dirigeants des pays industrialisés et des pays africains à admettre, d'une part, que l'évolution économique des pays africains serait favorable à l'ensemble des pays, d'autre part, que cette évolution serait plus facile à réaliser dans un climat de paix, enfin, qu'un climat de paix faciliterait et favoriserait les négociations qui permettraient de fixer le juste prix des produits agricoles et des matières premières.

En effet, ce sont la paix, à l'intérieur du pays et avec les autres pays, la coopération économique et la coopération politique entre les pays qui favorisent le mieux l'évolution économique. La coopération en Europe, en particulier entre la France et l'Allemagne, en est un exemple qui devrait être suivi par l'ensemble des pays et dans toutes les régions du monde. Les Organisations Internationales devraient œuvrer en ce sens pour favoriser les conditions de la réalisation de la coopération entre les pays du monde entier et particulièrement entre les pays africains.

CHAPITRE II

ATOUTS REELS OU POTENTIELS ET HANDICAPS DES PAYS AFRICAINS

I. Introduction

L'étude des principaux atouts et handicaps des pays africains permet d'établir un bilan de la situation actuelle de ces pays. Ce bilan est une nécessité préalable si l'on veut pouvoir avancer des propositions afin de corriger les handicaps et de mettre en valeur les atouts, l'objectif étant de favoriser les conditions de la sortie du sous-développement et l'entrée dans une véritable phase de développement qui permettrait à ces pays tout d'abord de satisfaire les premiers besoins économiques de leur population pour ensuite entrer dans la phase d'un développement auto-entretenu. Mais les pays africains ne sont pas homogènes. En effet, s'il est vrai que certains handicaps et certains atouts sont communs à la plupart de ces pays, il est vrai aussi que certains pays ont des handicaps et des atouts que d'autres pays n'ont pas, et inversement. Ne serait-il pas possible de créer des conditions permettant de mettre les atouts de l'ensemble de ces pays en commun afin d'écarter plus facilement leurs handicaps ? Le bilan établi dans ce chapitre permettra de répondre à cette question, ce que nous verrons essentiellement dans le chapitre suivant.

II. Les atouts des pays du continent africain

Malgré la diversité des ressources humaines, des ressources naturelles, des climats (le soleil, l'aridité et la pluviométrie), etc., les pays africains considérés dans leur ensemble sont riches, immensément riches.

Les richesses de l'Afrique sont constituées par sa richesse humaine et par ses ressources naturelles telles que, par exemple : les terres fertiles qui, en grande partie, ne sont pas encore polluées, les matières premières, dont le pétrole, les mines telles que les mines de diamant, d'or, d'uranium, etc., les forêts et bois.

L'exploitation et l'exportation des ressources naturelles et en particulier des matières premières permettent aux pays africains d'obtenir une bonne partie de leurs ressources financières extérieures, cela malgré les contrats douteux actuels. Ils pourraient potentiellement améliorer ces ressources financières, comme le laisse entendre le passage suivant :

« Dans l'état actuel des connaissances, l'Afrique recèlerait une part significative des réserves mondiales : 30% de la bauxite, 60% du manganèse, 75% des phosphates, 85% du platine, 80% du chrome, 60% du cobalt, 30% du titane, 75% du diamant et près de 40% de l'or. L'Afrique subsaharienne produit 7% de la consommation mondiale de pétrole et les réserves connues sont du même ordre. Au total, sans être un "scandale" géologique, l'Afrique, en disposant de ressources importantes, peut jouer un rôle de premier plan pour certaines substances. Cela justifie notamment l'engouement des sociétés juniors pour le continent, malgré les investissements très élevés nécessaires à la mise en valeur des gisements. » (*Ressources minérales et développement en Afrique*, Document d'orientation stratégique, Edition 2008.)[10].

---

[10] « Troisième producteur mondial d'uranium après le Canada (29 % de parts de marché) et l'Australie (22 %), le Niger (9 %) fait figure de pays stratégique. »
Cf. http://www.jeuneafrique.com/Article/LIN13087labatmuinar0/La-bataille-de-l-uranium.html.

Le passage cité permet de tirer quelques enseignements. (i) L'Afrique est très riche en ressources naturelles. (ii) « La mise en valeur des gisements » ou plus exactement l'exploitation et l'exportation des matières premières nécessitent d'importants investissements. (iii) Les ressources naturelles de l'Afrique sont convoitées même par des sociétés juniors. Mais ce passage incite aussi à poser plusieurs questions auxquelles nous tenterons de répondre au cours de cet ouvrage. 1° Pour quelles raisons les pays africains n'assurent-ils pas ou ne peuvent-ils pas actuellement assurer eux-mêmes l'exploitation et l'exportation de la plupart de ces matières premières ? 2° Les contrats établis entre les pays africains et les sociétés d'exploitation et d'exportation de ces matières premières sont-ils plutôt favorables aux pays africains ou plutôt favorables aux actionnaires de ces sociétés ? 3° Est-ce que les ressources financières (devises) tirées de l'exploitation et de l'exportation des matières premières sont utilisées à financer le développement des pays africains afin qu'elles profitent à l'ensemble de la population de ces pays ?

En fait, la mise en valeur de la richesse humaine, qui constitue la première richesse de chaque pays, et l'utilisation rationnelle des ressources financières extérieures, obtenues par l'exploitation et l'exportation de leurs ressources naturelles, auraient dû permettre au moins à certains pays de ce continent de sortir du sous-développement depuis longtemps.

Or, ces pays n'ont pas ou pas suffisamment mis en valeur leur richesse humaine. Par exemple, pour l'Afrique Subsaharienne le taux d'alphabétisation des adultes (15 ans et plus) en pourcentage (2006) est de 59% (cf. Rapport sur le développement dans le monde 2009, Banque Mondiale). « De toutes les régions, c'est en Afrique subsaharienne que le taux d'achèvement du cycle primaire est le plus faible (60%, contre 91% pour la région Moyen-Orient et Afrique du nord (MENA), 98% pour la région Asie de l'Est et Pacifique (EAP), 99% pour la région Amérique latine et Caraïbes (LAC) et 85% pour toutes régions confondues en 2005). Plus du tiers des jeunes de la région étaient encore analphabètes en 2002 (OIT 2006). » (Indicateurs du développement en Afrique 2008/2009, Banque Mondiale, p.7.) En effet, il est difficilement concevable qu'un pays puisse entrer dans l'ère du développement économique s'il ne favorise pas, de façon importante, les secteurs de l'éducation, de la formation et de la santé.

En outre, même si nous faisons abstraction des contrats douteux passés avec des entreprises nationales et surtout avec des entreprises étrangères pour l'exploitation et l'exportation, nous verrons pour quelles raisons le résultat financier (les devises) de l'exploitation et de l'exportation de leurs ressources naturelles n'a, jusqu'à présent, pas véritablement bénéficié à l'ensemble des habitants de chaque pays considéré. Nous verrons qu'au contraire l'existence et les découvertes de ces ressources ont constitué une cause de convoitise, une source de conflits entre les pays de ce continent ou à l'intérieur même de ces pays.

Précisons que le résultat financier de l'exportation des ressources naturelles ne bénéficie pas à l'ensemble des habitants lorsqu'il n'est pas utilisé, pour les pays qui en ont besoin, à financer l'importation des produits de première nécessité, l'importation des équipements destinés à favoriser l'amélioration des secteurs de l'éducation, de la formation et de la santé, à améliorer les infrastructures et à réaliser des investissements dans les secteurs des produits de consommation.

La question que l'on est en droit de se poser est donc de savoir comment ces ressources financières ont été dépensées jusqu'à présent et où elles sont passées. Une partie de ces ressources financières a été et est toujours utilisée à financer l'importation de produits de luxe, destinés essentiellement aux catégories les plus favorisées, et l'achat d'armements ; une partie de ces ressources est même souvent placée dans les banques étrangères sur les comptes des dirigeants de ces pays et de leurs protégés, comme nous l'avons déjà évoqué. C'est pourquoi l'on peut dire que les pays qui ont eu ces entrées d'argent n'ont pas su saisir cette occasion qui leur était donnée d'utiliser leurs ressources financières pour favoriser les conditions de leur sortie du sous-développement. La responsabilité première de cette occasion manquée incombe aux dirigeants politiques et économiques de ces pays.

Certains pays africains disposent d'un nombre non négligeable de diplômés de l'enseignement supérieur. Mais une partie de ces diplômés soit ne sont pas employés selon leurs compétences, soit sont sous-employés, soit sont au chômage. De ce fait, une partie de ces diplômés quittent leur pays ou ne rentrent pas dans leur pays d'origine lorsqu'ils ont obtenu leur diplôme à l'étranger. Deux autres causes sont à prendre en compte dans ces cas de non-retour au pays : premièrement, certains emplois offerts à ces diplômés sont sous-payés dans leur pays ; deuxièmement, les monnaies des pays africains sont largement sous-évaluées. Ce constat nous donne l'occasion de préciser que si l'éducation et la formation figurent parmi les principales conditions permettant de favoriser le développement, d'autres mesures sont aussi nécessaires pour le réaliser (comme nous le verrons au chapitre III).

Les pays africains considérés dans leur ensemble ont un important potentiel en richesse humaine. Ils doivent tout faire pour le mettre en valeur grâce à l'enseignement et à la formation généralisés et à tous les niveaux. Ils ont des terres fertiles à faire fructifier, ils peuvent les améliorer et en augmenter la surface cultivable. Certains pays africains auraient pu et pourraient réaliser leur indépendance alimentaire. Ils ont des moyens financiers non négligeables (des devises) qu'ils tirent, en grande partie, de leurs ressources naturelles et qu'ils auraient pu, qu'ils peuvent encore améliorer en signant de meilleurs contrats d'exploitation et d'exportation. Ils ont les moyens financiers leur permettant de financer en partie ou en grande partie le développement de leur pays. Enfin et surtout, ils sont indépendants.

Les habitants des pays africains et tous les hommes de bonne volonté sont en droit de se demander pourquoi, malgré leur indépendance et malgré tous ces atouts, la plupart des pays de ce continent ne sont pas entrés dans une phase de développement leur permettant de satisfaire, par leur propre production, au moins leurs besoins économiques de première nécessité ; pourquoi ils ne sont pas parvenus à mettre suffisamment en valeur leur première richesse ; pourquoi, lorsqu'ils ont des diplômés de l'enseignement supérieur, ces pays n'ont pas créé ou ne créent pas les conditions qui attireraient ces diplômés dans leur pays d'origine ; pourquoi ces diplômés sont souvent sous-employés ; pourquoi ces pays ne sont pas parvenus à assurer leur indépendance alimentaire ; pourquoi ils ne sont pas parvenus à améliorer véritablement la situation sanitaire et la santé dans leur pays ; pourquoi ils ne sont pas parvenus à mettre en valeur leurs terres, à améliorer le rendement des terres cultivables, à augmenter les surfaces cultivables ; pourquoi ils ne sont pas parvenus à mettre fin à l'exploitation sauvage de leurs forêts, à la déforestation qui aggrave la désertification et qui met en danger l'équilibre écologique ; pourquoi ils ne sont pas parvenus à réaliser leur indépendance énergétique ; pourquoi ils ne sont pas parvenus à diminuer les écarts de revenus, écarts considérables ; pourquoi ils ne sont pas parvenus à diminuer l'écart de revenus réels avec les pays dits industrialisés ; pourquoi au contraire cet écart s'est aggravé ; pourquoi ils ne sont pas parvenus à améliorer véritablement la situation de l'emploi dans leur pays ; pourquoi ils ne sont pas parvenus à réunir les conditions qui permettraient d'offrir de meilleures perspectives d'avenir à leur jeunesse. « En Afrique subsaharienne, trois chômeurs sur cinq sont des jeunes (OIT 2006) et, en moyenne, 75% des jeunes vivent avec moins de deux dollars par jour. » (*L'indicateur du développement en Afrique* 2008/09 ; publication, Banque Mondiale).

III. Les handicaps actuels des pays du continent africain

Etablissons maintenant la synthèse des résultats établis dans le chapitre précédent, en y ajoutant toutefois quelques précisions.

Nous l'avons vu, les pays africains considérés dans leur ensemble ont eu des moyens financiers dont l'utilisation rationnelle aurait dû créer les conditions leur permettant d'entrer dans l'ère du développement. Mais pourquoi ne sont-ils pas parvenus à créer ces conditions ? En fait, la plupart de ces pays cumulent plusieurs handicaps, causes du retard de leur entrée dans une véritable phase de développement. Certains de ces handicaps frappent l'ensemble de ces pays, d'autres un certain nombre d'entre eux. Présentons quelques-uns de ces handicaps, en distinguant leurs causes essentiellement internes de leurs causes essentiellement externes.

III.1. Causes internes des handicaps actuels des pays africains

La persistance des causes internes des handicaps actuels des pays africains est due essentiellement à l'organisation de la gouvernance de ces pays. En outre, certaines des causes internes sont influencées et accentuées par les interventions externes des puissances étrangères, des cartels et des lobbies, interventions qui aggravent les conséquences néfastes de leurs handicaps internes. Toutefois, nous verrons que ces interventions externes sont facilitées par l'organisation de la gouvernance actuelle de ces pays.

Présentons en quelques points une synthèse des principales causes internes des handicaps actuels des pays africains.

1° Le handicap majeur est le manque d'une réelle volonté politique due, pour certains pays, à l'incapacité, à l'incompétence de leurs dirigeants, pour d'autres à l'égoïsme de leurs dirigeants qui recherchent le pouvoir pour le pouvoir, le pouvoir pour servir leurs propres intérêts, les intérêts de leurs proches et de ceux qui les ont aidés à arriver au pouvoir, certains dirigeants cumulant l'ensemble de ces défauts. En outre, certains dirigeants de ces pays, souvent les mêmes, sont soumis à l'influence des puissances étrangères qui veulent avoir accès aux ressources naturelles des pays de ce continent. L'influence de ces puissances n'est pas étrangère aux conflits qui frappent ce continent. La rivalité entre puissances étrangères pour accéder aux ressources naturelles des pays africains aggrave et étend les conflits internes et les conflits entre ces pays. Dans ces deux derniers cas, les dirigeants des pays concernés n'ont pas d'indépendance d'action, ce qui signifie que l'indépendance de ces pays n'est pas formelle, elle n'est que nominale.

2° Les conflits qui surgissent à l'intérieur même de certains pays et entre divers pays de ce continent constituent non seulement une source d'insécurité, de malheur et de désolation pour leurs habitants et pour le monde, mais aussi une cause importante de gaspillage des ressources humaines et financières. Ils expliquent donc en partie le retard de développement de ces pays. C'est pourquoi l'instauration de la paix sur le continent africain permettrait d'économiser d'importantes ressources financières qui pourraient être utilisées en faveur de son développement économique et de son évolution sociale.

Néanmoins, le problème est de savoir pourquoi et à l'occasion de quels évènements la plupart de ces conflits apparaissent. En fait, ces conflits apparaissent en raison des intérêts en jeu, qui sont considérables. En effet, ce sont bien l'existence et les découvertes des ressources naturelles qui engendrent les convoitises constituant la principale cause de conflits à l'intérieur des pays et entre les pays du continent africain. On peut distinguer trois sortes de conflits, qui ont essentiellement les mêmes causes et les mêmes objectifs.

(i) Les conflits à l'intérieur même des pays sont dus au fait que certains groupes constatent que les dirigeants de leur pays et leur entourage s'enrichissent de façon indue et illégitime, d'une part lorsqu'ils signent des contrats d'exploitation et d'exportation de leurs ressources naturelles, d'autre part en détournant une partie du montant des devises résultant de l'exploitation et de l'exportation de ces ressources. Ces groupes peuvent avoir trois objectifs : partager le butin avec les dirigeants en place (en signant, entre eux, des accords boiteux et malhonnêtes, des accords qui vont à l'encontre des intérêts de leur pays et donc à l'encontre de l'intérêt général), remplacer les dirigeants en place pour s'enrichir eux-mêmes de la même façon, enfin, mais rarement jusqu'à présent, remplacer les dirigeants en place pour faire profiter l'ensemble des habitants de leur pays des résultats financiers de ces exploitations et exportations. Les groupes qui veulent servir leur intérêt personnel sont souvent encouragés voire aidés par certaines puissances extérieures, par certains cartels et entreprises avides d'exploiter à leur profit les ressources naturelles de ces pays. En effet, il est plus facile de pêcher en eaux troubles.

(ii) Les conflits entre les pays sont déclenchés, le plus souvent, par les dirigeants de certains pays qui sont au service d'intérêts étrangers (gouvernements, cartels ou entreprises). Ces conflits menacent et affaiblissent les dirigeants en place. Et c'est ainsi que cette situation peut favoriser la signature ou le maintien par des dirigeants désireux de rester en place des contrats d'exploitation et d'exportation des richesses naturelles des pays concernés, au profit des gouvernements, cartels ou entreprises déjà implantés ou qui veulent s'implanter ou encore qui veulent s'implanter en écartant ceux ou celles qui sont déjà sur place.

(iii) Les rivalités ethniques sont aussi une source de divisions internes, d'affaiblissement du pouvoir en place et de conflits. Elles ne servent ni les pays concernés, ni les populations membres des diverses ethnies. Elles servent les intérêts de certaines personnes ou des gouvernements en place ou encore les intérêts des puissances étrangères, des cartels et des entreprises nationales ou étrangères avides de s'emparer des richesses locales.

Actuellement, l'existence et la découverte de ressources naturelles ne sont pas toujours favorables aux habitants des pays concernés, puisque ce sont précisément les convoitises concernant ces ressources qui deviennent la principale cause, directe ou indirecte, des conflits. Les personnes, les groupes de personnes et les gouvernants qui sont à l'origine de ces conflits sont des mercenaires au service de leur intérêt personnel et de ceux à qui profitent ces conflits. Ils portent, en partie ou en totalité, la responsabilité du retard de développement de leur pays et du malheur des populations qui souffrent, directement ou indirectement, de ces conflits.

3° Les placements des ressources financières à l'étranger, effectués essentiellement par les dirigeants et les catégories les plus riches, diminuent, pour le montant de ces placements, les possibilités de financement du développement des pays concernés. Ces placements, qui constituent des occasions manquées, sont par conséquent l'une des causes du retard de développement de ces pays. Nous l'avons vu, pour une partie des pays africains, ce sont essentiellement ces placements à l'étranger qui rendent ces pays dépendants des marchés financiers au niveau international. Or, les Organisations Internationales telles que la Banque Mondiale et le FMI passent sous silence ce problème, car elles sont favorables à la libre circulation des capitaux financiers.

La responsabilité première de l'évasion des capitaux incombe bien sûr aux personnes qui placent leurs capitaux financiers dans les banques étrangères. Toutefois, l'évasion des capitaux financiers ne serait pas possible si les banques étrangères n'acceptaient pas de tels placements, si les gouvernants interdisaient à leurs banques de les accepter. Tout cela ne serait pas facilité si les Organisations Internationales et les politiques n'avaient pas accepté, voire imposé la libre circulation des capitaux financiers.

4° Le gaspillage de la partie des ressources financières qui reste dans les pays africains constitue aussi une occasion manquée de favoriser les conditions de la réalisation du développement. En effet, le développement est entravé lorsque les ressources d'un pays sont utilisées pour financer l'achat d'armements, l'achat de produits de luxe importés, ou pour ériger toutes sortes de monuments à la gloire des dirigeants. La responsabilité de ces occasions manquées incombe directement aux dirigeants des pays qui agissent de la sorte.

5° Dans certains pays africains, les terres fertiles cultivées sont non seulement limitées, mais en diminution. Distinguons les principales causes de la diminution de la quantité de terres fertiles cultivées et la principale cause de la diminution de la surface des terres fertiles cultivées dont les produits sont destinés à la population de chaque pays concerné.

La diminution de la quantité de terres cultivables a elle-même plusieurs causes dont certaines ont été étudiées dans le chapitre I. (i) Elle est due à l'exode rural, qui est la conséquence du bas prix des produits agricoles ; certains cultivateurs ne pouvant pas vivre du revenu de leur travail sur la terre, ils sont obligés de la quitter. (ii) Elle est due à l'explosion des villes bâties sur les terres cultivées. (iii) Elle est due à la guerre qui oblige les cultivateurs à quitter leurs terres. (iv) Elle est l'une des conséquences de la guerre qui rend les terres infertiles. (v) Enfin et surtout, elle résulte de la désertification, elle-même entraînée soit par l'exploitation non planifiée des forêts, due à la recherche du profit immédiat et donc due à l'incompétence ou à la complicité des dirigeants, soit par l'exploitation irraisonnée des bois et forêts, destinée à faire face aux problèmes énergétiques de la population. Selon le Président de la Banque Mondiale, actuellement, les forêts disparaissent au rythme de deux hectares toutes les cinq secondes. (*Bulletin du FMI*, 18 octobre 1999). Pour la plupart des pays africains, ces diminutions des surfaces cultivées constituent une première cause de leur dépendance ou de son aggravation vis-à-vis des produits alimentaires importés, qui pèsent lourdement sur leur balance commerciale.

La diminution des surfaces cultivées destinées à satisfaire les besoins alimentaires des pays concernés résulte aussi de l'utilisation de terres cultivées pour la réalisation de produits agricoles destinés à l'exportation, ce qui pose problème. Précisons que ce mouvement a été encouragé et favorisé afin que ces pays obtiennent des devises. C'est là l'un des événements représentatifs de la première phase d'une certaine mondialisation et de l'incompétence des organisations nationales ou internationales qui ont encouragé ce mouvement. En effet, la culture des produits agricoles destinés à l'exportation se fait, en grande partie, au détriment de la production des produits de première nécessité dont les citoyens de ces pays auraient besoin. De ce fait, la culture de produits destinés à l'exportation engendre ou aggrave la dépendance de ces pays vis-à-vis des produits alimentaires d'autres pays, tout en contribuant à détériorer la situation de leur balance commerciale. Un exemple peut être donné avec le Cameroun, où les plantations de haricots verts destinés à l'Europe ont fait diminuer les cultures des produits destinés à l'usage local. La dépendance de ce pays concernant les produits alimentaires en a été largement aggravée.

Cela dit, d'aucuns pourraient penser et faire croire que la situation serait favorable aux pays africains si les exportations de produits agricoles dépassaient les importations de ces produits. En fait, il n'en est rien car non seulement les monnaies des pays africains sont largement sous-évaluées, mais de plus, dans la majeure partie des cas, les prix des produits agricoles destinés à l'exportation sont fixés (imposés) par les cartels d'achat à des niveaux de plus en plus bas. Ces cartels résultent de l'application des exigences d'un certain libéralisme, néolibéralisme. Du fait de leur domination, ils peuvent imposer et de fait ils imposent les prix des matières premières et des produits agricoles provenant des pays en développement. Le bas niveau de ces prix imposés par les cartels conjugué au taux de change qui leur est défavorable ne permet pas à ces pays de financer leur développement. Il ne permet pas de compenser financièrement l'importation de produits agricoles par l'exportation de ces produits. Toutefois, s'il est important de préciser que, actuellement, cette dépendance vis-à-vis des cartels résulte du fait que ces pays n'ont pas les infrastructures nécessaires pour acheminer leurs produits sur les marchés extérieurs, il est non moins important de dire avec force que cette dépendance ne doit pas devenir une cause de pillage de ces pays et s'ajouter au pillage qui résulte de la sous-évaluation de leurs monnaies et des bas prix d'achat imposés par les cartels.

Rappelons enfin qu'une dépendance vis-à-vis des produits alimentaires, en l'occurrence produits importés, engendre un changement de goûts alimentaires, changement qui devient lui-même une cause d'exode rural et donc une cause d'augmentation du chômage dans ces pays.

6° Enfin, la corruption maladie qui ronge ces pays, est en grande partie responsable de l'aggravation des inégalités économiques et donc sociales, elle décourage les initiatives, elle empêche l'emploi rationnel des ressources financières, elle ne permet pas de mettre en place, à quelque niveau que ce soit, des responsables en fonction de leur compétence. Cette situation décourage une bonne partie des diplômés de l'enseignement supérieur et les amène à prendre la décision de ne pas rentrer dans leur pays d'origine, elle incite même ceux qui sont sur place à quitter leur pays.

Tout lecteur attentif aura bien compris que les dirigeants des pays africains n'ont pas pris les mesures qui leur auraient permis d'entrer dans une véritable phase de développement. Il aura compris aussi que la plupart des handicaps actuels de ces pays sont les conséquences des agissements de dirigeants incompétents qui veulent le pouvoir pour le pouvoir et qui sont complices de ceux à qui profite le chaos dans leur pays. Ce sont ces hommes politiques qui ont bafoué et qui bafouent toute l'espérance que les populations de ces pays avaient placée dans leur indépendance et dans l'évolution économique et sociale de leur pays.

III.2. Causes externes des handicaps actuels des pays africains

Nous allons privilégier ici quatre des multiples causes externes ayant empêché ou retardé l'entrée des pays africains dans une véritable phase de développement.

1° L'endettement et le surendettement extérieurs constituent un frein au financement de l'évolution de l'économie. Rappelons que la plupart des pays africains se sont endettés et s'endettent encore pour financer essentiellement l'achat d'armements, de produits de luxe, etc. Autrement dit, une partie, parfois une grande partie, des ressources empruntées par ces pays ne sont pas utilisées pour financer le développement de leur économie. Chacun sait que pour rembourser sa dette extérieure, tout pays doit réaliser une balance commerciale excédentaire. Or, ce n'est pas le cas ici puisque le surendettement signifie que le résultat de la balance commerciale des pays concernés ne leur permet même pas de payer les charges de leur dette. Non seulement ces pays sont sous la pression de leurs créanciers, non seulement ils ne peuvent plus accéder aux marchés financiers au niveau international, puisqu'ils sont considérés comme n'étant pas solvables, mais certains d'entre eux, surtout les pays les plus pauvres, ne peuvent même pas financer l'importation des produits indispensables au développement de leur économie. Quant aux pays qui ont un simple endettement extérieur, ils doivent consacrer une partie ou la totalité du résultat positif de leur balance commerciale à payer les charges de leur dette, et cela durant toute la période de leur endettement. Par conséquent, durant toute la période de désendettement, ces pays voient diminuer, pour le montant des charges de leur dette, leur possibilité de financer l'importation des biens d'équipement indispensables à leur développement. En outre, le désendettement des pays africains est d'autant plus difficile et problématique que, d'une part le bas prix des produits agricoles et des matières premières leur est imposé, d'autre part les monnaies de ces pays sont largement sous-évaluées. Si, par exemple, leurs monnaies sont dix fois sous-évaluées, les pays africains endettés doivent payer dix fois l'équivalent de leurs dettes (même en supposant un taux d'intérêt de leurs emprunts à 0%, cf. exemple donné dans le 2°).

2° Les monnaies de la plupart des pays africains sont sous-évaluées, situation dont la conséquence est la suivante : les échanges commerciaux de ces pays avec les pays dont les monnaies sont surévaluées (la majorité des pays industrialisés) ne se réalisent pas dans l'équivalence. La non-réalisation des échanges dans le respect de l'équivalence constitue une sorte de pillage infligé aux pays dont les monnaies sont sous-évaluées et elle diminue leur possibilité propre de financer leur développement proportionnellement à la sous-évaluation de leurs monnaies. Or, le FMI, qui a la responsabilité de gérer les taux de change, passe sous silence ce problème important. La sous-évaluation des monnaies diminue les possibilités de financement des importations, par exemple de biens d'équipement, de médicaments, ainsi que les possibilités de désendettement de ces pays.

Un exemple permet de mettre en évidence le poids de la dette des pays africains, dû essentiellement à la sous-évaluation de leurs monnaies. Supposons que, dans le pays A, 100 UP (UP = unités de produit) s'achètent pour 100 UM_A (UM_A = unités de monnaie du pays A). Supposons que, dans le pays B, 100 UP, sensiblement les mêmes, s'achètent pour 100 UM_B (UM_B = unités de monnaie du pays B). Le taux de change déterminé dans le respect de la parité des pouvoirs d'achat se détermine de la façon suivante : 100 UP = 100 UM_A = 100 UM_B.

Il résulte de cette relation que : 1 UM_A = 1 UM_B Le taux de change ainsi déterminé signifie que, avec 1 UM_A ou 1 UM_B, on peut acheter 1 UP dans le pays A et dans le pays B. Si ce taux de change est respecté, les échanges entre le pays A et le pays B se réalisent dans l'équivalence.

Supposons maintenant que la monnaie du pays A (pays africain) est dix fois sous-évaluée par rapport à la monnaie du pays B (pays industrialisé) : 10 UM_A = 1 UM_B. Ce taux de change n'est pas établi dans le respect de la parité des pouvoirs d'achat, il est établi arbitrairement. Dans ce cas, si l'on détient une unité de monnaie du pays B, on peut acheter 10 UP dans le pays A, tandis que le pays A, pour acheter 1 UP dans le pays B, doit avoir dix unités de monnaie du pays A. La monnaie du pays B est le dollar, qui est considéré comme monnaie internationale. Supposons que le pays A (africain) emprunte 100 dollars qui lui permettent d'acheter dans les pays dits industrialisés 100 unités de produit. Supposons, pour simplifier, que le taux d'intérêt de l'emprunt du pays A est de 0%. Pour rembourser sa dette de 100 dollars, le pays A doit exporter 1000 unités de produit, c'est-à-dire l'équivalent de 10 fois le produit que les 100 dollars empruntés lui ont permis d'acheter dans les pays dits industrialisés. Autrement dit, même si le taux d'intérêt de l'emprunt est nul, le pays africain rembourse l'équivalent réel de dix fois son emprunt, et cela uniquement du fait que sa monnaie est dix fois sous-évaluée par rapport au dollar.

3° L'ingérence des dirigeants des pays étrangers, des entreprises étrangères et des cartels n'a pas permis aux jeunes nations africaines de prendre leur envol et de devenir véritablement indépendantes politiquement et économiquement. Leur véritable indépendance aurait favorisé les conditions d'établissement de traités et contrats d'égal à égal avec leurs interlocuteurs. Malheureusement l'histoire a montré qu'il est possible de trouver partout dans le monde des individus qui ne veulent le pouvoir que pour le pouvoir et qui sont prêts à vendre leur âme pour y arriver.

4° Les dirigeants des Organisations Internationales, du fait de leur incompétence ou pour d'autres raisons encore plus contestables, n'ont pas pris les mesures aptes à favoriser la sortie du sous-développement de ces pays. En outre, nous l'avons vu, ils ont passé sous silence le pillage des pays africains, réalisé grâce à des artifices tels que : la sous-évaluation des monnaies de ces pays, les contrats douteux de l'exploitation et de l'exportation de leurs ressources naturelles. On peut dire que, par leur silence, ils ont légitimé le pillage des pays africains.

En fait, les Organisations Internationales ont bien tenté de proposer des solutions pour favoriser le développement des pays africains, mais ce n'étaient que de fausses solutions ou des solutions pas toujours désintéressées ni dénuées d'arrière-pensées. D'ailleurs, un exemple permet de connaître les véritables objectifs des solutions proposées :

« Le consensus de Washington concernant les réformes fondées sur les principes de l'économie de marché se réfère aux dix objectifs de politique suivants :

- Discipline budgétaire.

- Recentrage des dépenses publiques sur l'éducation, la santé et les infrastructures.
- Réforme fiscale – élargissement de l'assiette fiscale et réduction des taux d'imposition marginaux.
- Taux d'intérêt déterminés par le marché et positifs (mais modérés) en valeur réelle.
- Taux de change compétitifs.
- Libéralisation du commerce – remplacement des contingents par des droits faibles et uniformes.
- Ouverture aux investissements étrangers directs.
- Privatisation des entreprises d'Etat.
- Déréglementation : abolition des règles qui interdisent l'entrée sur le marché ou limitent la concurrence, sauf si elles sont nécessaires pour assurer la sécurité, la protection de l'environnement et celle des consommateurs, et supervision prudentielle des institutions financières.
- Garantie juridique des droits de propriété. » (2000-2001, *Rapport sur le développement dans le monde*. P.71).

Seule l'application des deux premières propositions est favorable aux pays en développement, les autres ne le sont pas. Précisons, toutefois, que la deuxième proposition, concernant l'éducation et la santé, n'a pas toujours été considérée comme une priorité par ces organisations.

Etudions la portée et les limites de certaines de ces propositions. Pour favoriser l'évolution économique des pays en développement, le consensus de Washington préconise que ces pays puissent s'ouvrir aux investissements étrangers. Que faut-il entendre par là ? Tout simplement le fait que ces pays doivent accepter sur leur territoire l'implantation d'entreprises dites multinationales. Or, l'objectif de ces entreprises n'est pas de favoriser le bien-être dans ces pays, mais de réaliser des profits. En effet, nous l'avons vu, ces entreprises s'implantent dans les pays en développement où les monnaies sont sous-évaluées, pour vendre leurs produits dans les pays où les monnaies sont surévaluées. Cette différence de taux de change leur permet de réaliser des profits confortables, afin de mieux satisfaire la principale exigence de leurs actionnaires. En fait, l'implantation des entreprises dites multinationales dans les pays en développement n'est favorable ni aux pays où elles s'implantent ni aux pays qui sont à origine du financement de leur implantation. Elle n'est pas favorable aux pays en développement où elles s'implantent car, d'une part les produits réalisés par ces entreprises sont destinés à l'exportation, d'autre part les pays en développement où sont implantées ces entreprises n'obtiennent pas l'équivalent des produits exportés du fait que leurs monnaies sont sous-évaluées. Cette situation constitue une sorte de pillage de ces pays et donc de diminution du pouvoir d'achat réel de leurs travailleurs, par rapport au niveau de la production réalisée dans leur pays. Elle n'est pas favorable non plus aux pays qui se trouvent être à l'origine du financement des délocalisations de ces entreprises, car les délocalisations constituent une cause de chômage dans ces pays. Elle n'est favorable qu'aux actionnaires de ces entreprises. (cf. Elie Sadigh, (2003) *Délocalisations, chômage.* Ed. L'Harmattan).

Précisons toutefois que les entreprises multinationales ne s'implantent pas dans n'importe quel pays. Elles s'implantent dans les pays où le niveau de l'éducation et de la formation est assez satisfaisant, ce qui n'est pas le cas de la majorité des pays africains. D'ailleurs le fait que les entreprises qui délocalisent le fassent dans les pays où le niveau de l'éducation et de la formation est assez satisfaisant tend à prouver que c'est bien là l'un des indicateurs de l'importance de ces secteurs.

Enfin, il ne suffit pas de se contenter d'une augmentation du produit intérieur, encore faut-il que cette augmentation de la production améliore proportionnellement le niveau de vie dans le pays considéré. Or, il n'y a pas d'amélioration proportionnelle du pouvoir d'achat réel lorsque l'augmentation de la production résulte de l'implantation des entreprises multinationales, comme nous venons de le voir.

Il apparaît ainsi clairement que l'implantation des entreprises multinationales dans les pays africains pour améliorer le niveau de vie dans ces pays constitue une fausse solution. En revanche, elle constitue une bonne piste pour les actionnaires des entreprises qui délocalisent.

Quel est l'objectif de la proposition concernant les « taux de change compétitifs » et quelle est la principale conséquence de son application ? En fait, les taux de change compétitifs ne sont rien d'autre que la sous-évaluation des monnaies des pays qui souhaitent favoriser leur développement. Aussi les taux de change compétitifs constituent-ils l'une des principales conditions pour que les entreprises multinationales s'implantent dans les pays concernés. Par conséquent, le principal objectif de cette proposition est de favoriser l'implantation de ces entreprises dans les pays dont les monnaies sont sous-évaluées et la principale conséquence de l'application de cette proposition est le pillage des pays dont les monnaies sont sous-évaluées, comme nous l'avons vu.

Comment, sans perdre toute crédibilité, les dirigeants des Organisations Internationales concernées pensent-ils faire croire que le pillage de certains pays peut être un facteur de développement pour les économies des pays qui sont pillés du fait de l'application de leur proposition ?

En conclusion, nous pouvons dire que les véritables responsables des conséquences néfastes des relations politiques, monétaires et financières des pays africains avec le reste du monde sont les dirigeants des pays industrialisés, les dirigeants des Organisations Internationales et les dirigeants des pays qui sont ainsi pillés. Les premiers sont responsables du fait que leurs ingérences créent les conditions du pillage de ces pays, entretenant ainsi leur retard de développement. Il n'est peut-être pas inutile de rappeler ici que ce sont les gouvernements de ces mêmes pays qui, en leur temps, ont voté l'indépendance des pays africains aux Nations Unies, mais en agissant de la sorte, ils font perdre toute crédibilité dans les institutions internationales. Les seconds sont responsables du fait qu'ils passent sous silence ces conséquences néfastes pour les pays africains. Les troisièmes sont responsables du fait de leur incompétence, de leur complicité et de leur avidité à se partager le butin.

CHAPITRE III

PROPOSITIONS DONT L'APPLICATION FAVORISERAIT LA REALISATION DU DEVELOPPEMENT DURABLE ET EQUITABLE DES PAYS AFRICAINS

I. Introduction

Il n'est sans doute pas inutile de rappeler que la plupart des caractéristiques et causes du sous-développement ont concerné jadis les pays actuellement industrialisés. Toutefois, nous savons que certains pays dits industrialisés ont mis plusieurs siècles pour arriver à leur niveau actuel d'évolution économique et sociale, alors que les pays émergents, bénéficiant des expériences des premiers, n'ont mis que quelques dizaines d'années pour parvenir à leur niveau de développement actuel. Ce simple constat historique nous permet d'affirmer que le sous-développement n'est pas une fatalité. Le développement des pays africains est donc possible et il est urgent de déterminer les conditions qui favoriseraient sa réalisation, sans que se creusent les écarts des revenus. Des solutions existent et les pays africains peuvent envisager un développement durable et équitable, sous certaines conditions toutefois.

Ainsi, l'un des problèmes les plus importants est-il de savoir quelles sont les mesures et décisions qui permettraient aux pays africains d'entrer rapidement dans la phase d'un développement harmonieux afin de satisfaire les besoins économiques et sociaux de leur population et de diminuer leurs écarts de développement avec les pays avancés dans ces domaines.

Le retard de développement des pays africains, dans les domaines économique et social, est dû au fait qu'ils ne sont pas ou pas suffisamment parvenus à mettre en valeur leurs richesses ni à utiliser de façon rationnelle leurs ressources, et nous savons que les dirigeants politiques et économiques de ces pays doivent être considérés comme les premiers responsables de ce retard et donc de la souffrance qui en découle pour les populations.

S'ils peuvent s'inspirer de certaines décisions des pays dits industrialisés et des pays émergents, les pays africains ne doivent pas, en revanche, prendre pour modèle la façon dont ces pays ont organisé et réalisé leur développement, cela essentiellement pour deux raisons. Premièrement, les dirigeants politiques, économiques, et les entrepreneurs ne se sont pas souciés de l'avenir des ressources naturelles ni de la pollution et de ses conséquences néfastes sur l'avenir de la planète terre, sur l'avenir de l'homme et, d'une façon générale, sur l'avenir du vivant. Autrement dit, ils ne se sont pas intéressés au développement durable. Deuxièmement, dans la plupart des pays dits industrialisés et émergents le développement a aggravé les inégalités économiques et sociales, même s'il a permis d'améliorer le niveau de vie moyen. Cette aggravation est due au fait que le développement économique, dans ces pays, n'a pas bénéficié à tous selon la participation de chacun à la réalisation de la production. En d'autres termes, ces pays ne se sont pas intéressés au développement équitable.

Nous serons amené à établir une distinction entre les décisions et mesures qui concernent les politiques économiques et celles qui concernent l'économie politique.

Le rôle des dirigeants dans le domaine de la politique économique, au sens large, est de prendre des décisions et mesures dont les applications sont susceptibles de favoriser l'évolution économique et sociale. Toutefois, dans le domaine de la politique économique aussi il existe des décisions et mesures dont l'application concerne essentiellement les dirigeants politiques et économiques. Néanmoins certaines de ces décisions et mesures concernent les dirigeants des secteurs privés et publics. La politique économique peut être divisée en deux parties. La première concerne les décisions et mesures telles que, par exemple, l'enseignement, la formation, la santé, les infrastructures et la planification du développement du pays. La deuxième concerne essentiellement les décisions et mesures qui favoriseraient le développement des secteurs prioritaires.

Le rôle des dirigeants dans le domaine de l'économie politique est de veiller au respect des règles du fonctionnement de l'économie. Toutefois, il existe deux sortes de règles. (i) Les règles arbitraires : elles sont établies soit par la coutume, soit par les dirigeants, soit par des théories économiques qui n'ont pas de fondements rationnels. L'application de telles règles n'assure pas le fonctionnement normal de l'économie. Par exemple, leur application fait apparaître des gagnants et des perdants, elle n'écarte pas les risques de dysfonctionnement de l'économie, elle aggrave les inégalités de revenus. (ii) Les règles qui découlent des principes de l'économie établis rationnellement. L'application de ces règles assurerait le fonctionnement normal de l'économie. Mais pour pouvoir les appliquer, les dirigeants de chaque pays doivent d'abord connaître ces règles.

Enfin, il est important de tenir compte d'une condition préalable dont dépend le bon fonctionnement de chaque pays, il s'agit de la démocratie. La réalisation de la démocratie, son maintien et sa consolidation doivent constituer l'un des principaux objectifs des hommes politiques des pays africains.

Ce chapitre sera consacré essentiellement à quelques propositions, mesures et décisions, dont l'application favoriserait les conditions d'entrée dans une véritable phase de développement pouvant amener à la réalisation d'un développement soutenu, durable et équitable.

II. Proposition n° 1 : quels dirigeants pour les pays africains afin de favoriser la réalisation du développement ?

Disons-le sans ambages, il est difficilement concevable qu'un pays entre dans une phase de développement soutenu sans une véritable volonté nationale. Cette volonté doit être réellement partagée, portée, encouragée et soutenue par les dirigeants politiques et économiques du pays, car ce sont les dirigeants qui sont les premiers responsables de la mise en œuvre des décisions et mesures dont l'application favoriserait la sortie du sous-développement. En d'autres termes, la responsabilité première de la réussite ou de l'échec du développement incombe aux dirigeants politiques et économiques de chaque pays considéré.

Les bonnes volontés individuelles sont nécessaires et louables. Mais elles ne sont pas suffisantes pour créer les conditions d'entrée dans une véritable phase de développement.

La condition préalable pour que les propositions présentées portent pleinement leurs fruits est la suivante : les pays africains ont besoin d'hommes politiques intègres, qui aient des ambitions pour leur pays et qui soient indépendants de tout clan, de toute tribu, de tout lobby, de tout cartel et de toute puissance étrangère. En d'autres termes, ils ont besoin d'hommes qui soient au service de leur pays et de l'ensemble de sa population. Par conséquent, les pays africains ont besoin d'hommes de bonne volonté, mais ils ont besoin aussi et surtout de véritables hommes politiques dignes de leurs fonctions. Ces hommes doivent s'entourer de collaborateurs intègres et compétents, avec lesquels ils puissent partager les mêmes valeurs et les mêmes ambitions pour leur pays. Il faut aussi que les dirigeants des pays intéressés par les ressources naturelles des pays africains respectent et encouragent les hommes politiques de cette trempe.

Les hommes politiques[11] intègres ne gaspillent pas les ressources financières de leur pays, ils ne les placent pas dans les banques étrangères et ne jouent pas avec ces ressources sur le marché financier international. Ils ne confondent pas les finances de l'Etat et leur fortune personnelle. Ils ne se considèrent pas comme propriétaires des ressources naturelles et des terres de leur pays. Les collaborateurs intègres et compétents les conseillent sur la façon dont il faut utiliser ces ressources pour favoriser le développement économique et social de leur pays (cf. section IX). De tels collaborateurs préparent les mesures et décisions à prendre et à appliquer afin de favoriser la réalisation du développement. Les hommes politiques doivent traiter toutes les tribus de la même façon, les mettant sur un plan d'égalité en leur expliquant que le développement économique profite à tous, et en le leur prouvant par des actes. Ces hommes politiques indépendants doivent chercher à établir, par des négociations, un climat de confiance et d'entente pacifique à l'intérieur de leur pays. De tels hommes politiques ne signent pas de contrats véreux avec les lobbies, avec les cartels ni avec les puissances étrangères. Ils ne convoitent pas les ressources des autres pays. Ils tentent par tous les moyens d'établir des relations de confiance et d'entente pacifique avec les pays voisins. La cohésion à l'intérieur de leur pays et le climat de confiance ainsi créé leur permettront d'exercer des pressions pour établir des contrats dont l'application ne fera apparaître ni gagnants, ni perdants.

La réalisation de cette proposition incombe aux dirigeants politiques, mais ils doivent pour cela être aidés et soutenus par l'ensemble des hommes de bonne volonté au niveau national et au niveau international.

[11] Platon présente ainsi le gouvernement digne de ce nom à l'un de ses disciples: "Si tu découvres pour ceux qui doivent commander une condition meilleure que le pouvoir lui-même, tu auras le moyen d'avoir un Etat bien gouverné; car c'est dans cet Etat seul que commanderont ceux qui sont vraiment riches, non en or, mais en vertu et en sagesse, qui sont les richesses nécessaires au bonheur." (*La République*, P. 223).

III. Proposition n° 2 : les décisions qui créent les conditions d'entrée dans la phase du développement

La responsabilité première des décisions permettant d'entrer dans la phase du développement incombe aux dirigeants politiques et économiques de chaque pays. L'ampleur de la réalisation de ces décisions dépend de la volonté de ces dirigeants, de la volonté nationale et des moyens financiers dont chaque pays dispose, pour cette dernière condition, tant que ne sont pas réalisées les coopérations régionales et internationales.

Pour entrer dans une véritable phase de développement, les dirigeants politiques et économiques de chaque pays doivent avant toute chose prendre des décisions dont l'application favorise l'évolution de quelques secteurs prioritaires.

1° Ce sont l'éducation et la formation qui doivent constituer les principales priorités dans un Etat de droit. Cela pour une simple raison, la première richesse de chaque pays est sa richesse humaine. La mise en valeur de cette richesse constitue l'une des premières conditions d'entrée dans la phase du développement. Cette mise en valeur a une autre vertu, elle facilite l'éveil des consciences et permet aux individus de devenir des citoyens responsables. En outre, un véritable Etat de droit ne peut pas se passer de cadres formés, compétents et cultivés. La mise en valeur de cette richesse passe par l'éducation, la formation et la santé.

Ce sont les secteurs de l'éducation et de la formation qui permettent de former les enseignants, les médecins, les infirmiers, les ingénieurs, les techniciens, la main-d'œuvre qualifiée, etc. dont un pays a besoin pour entrer véritablement dans la phase du développement. Dans un pays qui veut favoriser l'évolution économique et sociale, qui souhaite donner une égalité de chances à tous, au moins au départ, les dirigeants politiques ont la responsabilité politique et morale de prendre toutes les mesures nécessaires afin de mettre en place, de développer et de généraliser l'enseignement et la formation à tous les niveaux : primaire, secondaire et supérieur. En effet, le passage obligé pour entrer dans la phase du développement passe par l'évolution des secteurs de l'éducation et de la formation. La mise en valeur de la richesse humaine permet d'employer, dans tous les secteurs, les techniques de production les plus évoluées visant à améliorer la productivité du travail. En outre, l'emploi de ces techniques de production permettrait de produire la même quantité de biens avec moins de ressources naturelles. Elle permettrait donc d'économiser ces ressources, condition essentielle à la réalisation d'un développement durable.

La mise en place, le développement et la généralisation de l'enseignement et de la formation permettraient de diminuer le chômage et donc la misère. En effet, la misère et le chômage conjugués avec l'analphabétisme (source d'obscurantisme) constituent les principales causes de conflits internes à ces pays. Signalons au passage qu'il est un autre phénomène qui plonge ses racines dans la misère, matérielle et morale, et dans le chômage ; misère et chômage entretiennent en effet un gisement dans lequel sont recrutés les perturbateurs et les terroristes qui pourraient entrer en action au niveau national et international.

Il est donc évident que l'Afrique a besoin de dirigeants éclairés capables de prendre les mesures qui s'imposent afin de favoriser les secteurs de l'éduction et de la formation. Il faut que ces dirigeants sachent que le salut de leur pays et de sa population, sur le plan économique et social, passe par la mise en valeur de leur première richesse, leur richesse humaine.

2° L'évolution du secteur agricole qui va de pair avec une véritable mise en valeur des terres doit aussi constituer l'une des premières priorités des pays africains. Ce sont les produits de ce secteur qui permettent de satisfaire les besoins alimentaires. Les dirigeants politiques et économiques des pays africains ont donc la responsabilité de prendre toutes les mesures nécessaires pour favoriser le secteur agricole et son développement, afin de réaliser l'indépendance alimentaire de leur pays. De plus, dans certains pays, le développement du secteur agricole pourrait largement contribuer à améliorer la situation de l'emploi. En outre, l'indépendance alimentaire permettrait de réduire le déficit de la balance commerciale de certains pays. Enfin, l'indépendance alimentaire renforcerait la réelle indépendance de tous ces pays.

Quelques mesures à prendre pour favoriser l'évolution du secteur agricole sont communes à l'ensemble des pays africains, d'autres peuvent être spécifiques à certains pays.

La formation des travailleurs du secteur agricole leur permettrait d'améliorer leur productivité. Elle permettrait aussi de mieux maîtriser l'utilisation de l'eau, en rendant possible l'application des techniques les plus avancées de l'irrigation. Cette mesure doit être complétée par d'autres, d'une part, pour que les cultivateurs ne soient pas obligés de quitter la terre, d'autre part, pour attirer d'autres travailleurs dans ce secteur.

(i). *Les mesures qui concernent le secteur agricole de l'ensemble des pays africains.*

Des mesures doivent être prises afin de préserver les semences de chaque région, de chaque pays et de l'ensemble des pays, et afin qu'elles puissent être utilisées en toute indépendance. Les semences constituent une partie du patrimoine de l'humanité, elles doivent donc être préservées. Des mesures doivent être prises afin de préserver la terre de la pollution et de la dégradation. Des mesures doivent être prises afin de permettre aux cultivateurs de pouvoir vivre dignement avec le revenu qu'ils tirent de la vente du produit de leur travail. Des mesures doivent être prises afin de préserver les terres cultivables de la spéculation foncière qui dépossède les cultivateurs de leur terre, leur outil de travail. Des mesures doivent être prises afin de préserver les produits agricoles locaux de la concurrence déloyale qui oblige les cultivateurs à abandonner leur terre, ce qui engendre un changement de goûts alimentaires qui pèse sur le résultat de la balance commerciale de ces pays. L'application des mesures concernant les trois derniers cas évoqués permettrait d'éviter l'exode rural qui aggrave la situation de l'emploi dans ces pays, d'éviter la dépendance ou son aggravation vis-à-vis des produits alimentaires importés, d'écarter l'une des causes de l'augmentation de la population des bidonvilles.

(ii). *Les mesures qui concernent le secteur agricole de certains pays africains.*

Dans certains pays africains les terres cultivables sont rares du fait, par exemple, du manque d'eau, des conditions atmosphériques, etc. Des mesures doivent être prises afin de favoriser la culture des produits destinés à la consommation de la population locale ou régionale et d'écarter les risques d'une diminution des surfaces cultivables. Il faut même prendre des mesures pour favoriser, lorsque cela est possible, l'élargissement de ces surfaces, par exemple, en finançant les canalisations d'eau. En d'autres termes, dans les pays où la production des terres cultivables ne suffit pas ou suffit juste à satisfaire les besoins alimentaires de la population locale ou régionale, il faut prendre des mesures afin d'empêcher que, par exemple, les cartels fassent cultiver sur ces terres des produits destinés à l'exportation. En effet, si des mesures ne sont pas prises, ces pays basculeront vers une dépendance de plus en plus grande envers les produits alimentaires importés. Cette dépendance et son aggravation ont des conséquences néfastes sur le résultat de la balance commerciale de ces pays, en particulier du fait qu'actuellement l'échange, dans ce cas l'importation et l'exportation des produits alimentaires, ne se réalise pas dans l'équivalence.

Les pays africains doivent soutenir leur secteur agricole, ce qui présente plusieurs avantages. (i) Il vaut mieux, en effet, subventionner son secteur agricole que dépenser, parfois, des milliards pour importer des produits alimentaires. (ii) La subvention de ce secteur permettrait soit d'économiser des devises, soit d'éviter l'endettement extérieur destiné à l'importation de produits alimentaires. (iii) La subvention de ce secteur permettrait d'éviter les changements alimentaires. (iv) La subvention de ce secteur permettrait de réaliser l'indépendance alimentaire, partielle ou totale, selon les possibilités de chaque pays. (v) La subvention de ce secteur permettrait d'éviter l'exode rural. (vi) La subvention de ce secteur permettrait de favoriser son développement et donc elle contribuerait à diminuer le chômage.

Précisons que l'augmentation des surfaces cultivables n'est pas une utopie. Certains pays sont parvenus à maîtriser les hostilités naturelles et à transformer les surfaces sablonneuses en oasis. Non seulement ils sont parvenus à réaliser leur indépendance alimentaire, mais ils sont devenus exportateurs de produits agricoles. Ils ont vaincu l'adversité grâce à la volonté de leurs dirigeants et de leur population, en s'appuyant sur l'éducation et la formation.

Un nouveau problème, et non des moindres, est venu s'ajouter à la longue liste des problèmes qui se posent à l'Afrique, c'est celui de l'achat de terres cultivables par certains pays, cartels et financiers. Les terres ainsi achetées sont utilisées pour cultiver des produits destinés aux pays qui sont devenus propriétaires de ces terres ou au marché international, lorsque les terres sont achetées par des cartels ou par des financiers. Mais avant de commencer l'étude de ce problème, nous devons distinguer deux cas.

Premier cas, les terres ainsi achetées qui étaient jusqu'alors utilisées pour la culture de produits destinés à la consommation locale sont désormais utilisées pour cultiver des produits destinés à l'exportation. Il s'ensuit donc une diminution de la surface de production des produits agricoles destinés à la consommation des habitants des pays où ils sont réalisés. Nous l'avons vu, cette situation n'est pas favorable aux pays concernés, qui deviennent de plus en plus dépendants des produits alimentaires importés. Cette situation constitue un paradoxe, une aberration, un non-sens : les produits réalisés sur les terres de ces pays permettent de satisfaire les besoins alimentaires d'autres pays, tandis que les habitants de ces pays sont obligés d'avoir recours aux importations pour satisfaire leurs propres besoins alimentaires. Deuxième cas, les terres ainsi achetées n'étaient pas cultivées. Intéressons-nous à ce deuxième cas, puisque le premier cas est une aberration évidente, et distinguons deux situations.

Première situation, les terres ainsi achetées sont cultivées par les travailleurs des pays qui les ont vendues. Il est vrai que cette situation est favorable à l'emploi dans les pays concernés. Il est vrai aussi que certains travailleurs embauchés peuvent être formés par les organismes qui ont acheté ces terres. Il est vrai encore qu'à première vue cette situation peut sembler favorable à la balance commerciale de ces pays. Certes, mais le prix à payer pour ces quelques avantages est exorbitant, il équivaut au pillage des terres dans ces pays et au sacrifice de leur réelle indépendance. En effet, actuellement, les monnaies des pays qui ont vendu leurs terres sont largement sous-évaluées par rapport aux monnaies des pays auxquels sont destinés ces produits. La différence entre le prix de ces produits vendus dans les pays dont les monnaies sont surévaluées et le coût de production de ces mêmes produits réalisés dans les pays dont les monnaies sont sous-évaluées constitue un profit confortable qui va échoir aux financiers ayant acheté des terres africaines. Autrement dit, ces financiers s'enrichissent au détriment des pays africains et de leurs habitants et cette situation peut être assimilée à une nouvelle sorte de colonisation, légitimée du seul fait qu'une partie des terres africaines ont été achetées par d'autres pays, par des financiers ou leurs représentants.

Deuxième situation, les terres ainsi achetées sont cultivées par des travailleurs qui viennent d'autres pays que les pays qui les ont vendues. Dans ce cas, il n'y a même plus d'effet direct sur la situation de l'emploi pour les habitants des pays vendeurs des terres, ni sur la formation d'une partie des travailleurs de ces pays. Mais, pour la même raison, le pillage des pays vendeurs de terres continue. Cette situation peut être assimilée à une sorte de colonisation ou d'annexion de la partie des terres vendues. Les dirigeants politiques et économiques qui ont vendu les terres de leur pays sont les premiers responsables des conséquences néfastes de ces deux situations. De tels dirigeants se comportent comme s'ils étaient propriétaires des terres de leur pays.

Remarque : cette situation permet de tirer une leçon, à savoir que, lorsqu'existent la volonté des décideurs, la volonté des citoyens et les moyens financiers, il est possible d'étendre les surfaces cultivables. Autrement dit, il est possible que les pays africains, considérés dans leur ensemble, réalisent leur indépendance alimentaire et puissent ensuite exporter les produits de leurs terres. Nous verrons dans la section VI que les moyens financiers existent. Ce qui manque actuellement, c'est une réelle volonté politique.

3° L'existence et le développement des infrastructures constituent l'une des conditions importantes d'entrée dans la phase de l'évolution économique et sociale. En effet, le développement des écoles, des universités, des hôpitaux, des routes, du chenin-de-fer, des ponts, des voies navigables, des aéroports, de la poste, des télécommunications, etc. est une condition nécessaire pour entrer dans la phase du développement. Par exemple, sans écoles, il ne peut y avoir d'enseignement ni de formation de masse ; sans route, l'acheminement des produits d'un endroit à un autre est soit impossible, soit très difficile. La responsabilité première de la mise en place des infrastructures incombe aux dirigeants politiques et économiques de chaque pays concerné.

Ces secteurs, l'éducation, la formation, l'agriculture et l'infrastructure, doivent évoluer parallèlement. L'une des conditions de la réalisation de l'indépendance alimentaire passe par l'amélioration de la productivité des cultivateurs. Elle passe donc par l'évolution des secteurs de l'enseignement et de la formation. L'amélioration des infrastructures est nécessaire pour acheminer les produits sur le marché. L'amélioration des infrastructures nécessite des ingénieurs, des techniciens, des travailleurs qualifiés, etc. Cette amélioration passe aussi par l'évolution des secteurs de l'enseignement et de la formation.

En outre, l'évolution de ces secteurs favorise non seulement la situation de l'emploi, mais aussi les conditions de la création et du développement des secteurs manufacturiers des produits de consommation et des biens d'équipement. L'apparition du secteur des biens d'équipement constitue l'une des principales conditions de la réalisation du développement auto-entretenu. En effet, dans le cas où l'épargne des ménages est nulle, le profit est maximal. Dans ce cas, le montant de profit réalisé par le secteur agricole et le secteur des biens de consommation est un montant nécessaire et suffisant pour financer l'achat des biens d'équipement réalisés dans chaque pays considéré. Autrement dit, lorsque le secteur des biens d'équipement existe et lorsque l'épargne est nulle, les entreprises considérées dans leur ensemble deviennent indépendantes du marché financier.

IV. Proposition n°3 : les possibilités de financement, pour les pays africains pris individuellement, de la réalisation des mesures et décisions qui créent les conditions d'entrée dans la phase du développement

Il faut distinguer les ressources financières intérieures et extérieures. Les impôts directs et indirects constituent la principale source des recettes intérieures d'un Etat. Les exportations (de produits, de matières premières et de ressources naturelles) et les entrées de devises envoyées par les travailleurs émigrés constituent actuellement les principales sources de ressources extérieures des pays africains. Le problème est de savoir, d'une part si les ressources intérieures des Etats africains leur permettent à la fois de financer leurs rôles régaliens et les mesures et décisions propres à créer les conditions d'entrée dans la phase du développement, d'autre part si leurs ressources extérieures leur permettent de financer l'importation des produits nécessaires à cette fin. Nous nous intéresserons dans cette section aux possibilités financières des pays africains pris individuellement, et nous étudierons, dans la section VI les possibilités financières des pays africains considérés dans leur ensemble.

(i) *Les principales causes actuelles de l'insuffisance et de l'incertitude des ressources financières intérieures et extérieures*

Les recettes intérieures de l'Etat dépendent, d'une part, des taux d'imposition directe et indirecte, d'autre part, de l'organisation et de l'efficacité du système de collecte des impôts. L'organisation et l'efficacité de ce système dépendent essentiellement du niveau de formation des agents de l'Etat, qui ont en charge la détermination des taux d'imposition et de la collecte des impôts.

Précisons que les impôts n'ont pas d'effet sur la demande globale et qu'ils ne diminuent pas le pouvoir d'achat réel des habitants d'un pays, considérés dans leur ensemble. Les impôts financent la production de l'Etat et la production de l'Etat (de biens et surtout de services) ainsi financée est mise à la disposition de l'ensemble des citoyens qui en ont besoin.

Actuellement, dans la plupart des pays africains, en raison d'un manque d'organisation et d'efficacité, la collecte des impôts directs et indirects n'est pas suffisamment développée, de ce fait, certaines personnes ne déclarent pas la totalité de leur revenu. En outre, les « revenus » résultant de la corruption, surtout organisée, ainsi qu'une grande partie des revenus du secteur non formel ne sont pas déclarés ; les dirigeants de certains pays confondent les recettes de l'Etat et leur fortune personnelle ; une partie des recettes de l'Etat est gaspillée par des dirigeants mégalomanes et incompétents. Tout cela fait apparaître l'insuffisance du budget de l'Etat par rapport aux besoins des dépenses de l'Etat dans ces pays. Nous verrons qu'une utilisation rationnelle de ses recettes permettrait à l'Etat de financer ses rôles régaliens et l'évolution des secteurs prioritaires.

A ce sujet nous voudrions prendre un exemple qui suffit à illustrer notre démonstration, à savoir qu'une volonté politique et une utilisation rationnelle des ressources financières de l'Etat permettent de réaliser de grands projets. Dans la première moitié du vingtième siècle, le gouvernement iranien a financé le chemin de fer reliant le nord au sud de l'Iran par une taxe prélevée sur la consommation de thé. Cet exemple permet de réaffirmer que lorsque la volonté politique existe, il est possible de trouver des solutions.

Les ressources extérieures (en devises) des pays africains, nous l'avons vu, résultent essentiellement de leurs exportations (produits agricoles, matières premières, ressources naturelles) et de l'envoi de devises de la part des émigrés. Depuis leur indépendance (quelques périodes exceptionnelles mises à part), ces ressources ont été minorées, d'une part, du fait du bas prix des matières premières et des ressources naturelles imposé par les cartels et les entreprises qui ont en charge leur exploitation et leur exportation, et du fait de l'intervention de certains pays étrangers, d'autre part, du fait que les monnaies de ces pays sont largement sous-évaluées. Par conséquent, le pouvoir d'achat réel de ces pays sur le marché international n'a cessé de diminuer proportionnellement à la sous-estimation des prix des matières premières et des ressources naturelles, ainsi qu'à la sous-évaluation de leurs monnaies, et au montant des capitaux placés dans les banques étrangères (évasion du capital). En outre, ces ressources sont variables du fait des variations, parfois très importantes, du prix des matières premières et du prix des ressources naturelles. Ces variations de prix ont mis et mettent actuellement les pays africains dans une situation d'incertitude quant au niveau des ressources en devises dont ils disposent chaque année, chaque mois, chaque jour. Cette incertitude ne leur permet pas d'établir un véritable plan de financement de développement, or d'un plan sûr dépend l'importation des produits indispensables à la réalisation de l'évolution de l'économie de ces pays.

Quels consensus permettraient d'établir des prix raisonnables et des ressources garanties pour les matières premières et les ressources naturelles ?

Le prix des matières premières :

Les matières premières sont limitées et épuisables. Elles sont donc différentes des produits qui peuvent être renouvelés. En outre, les matières premières sont des richesses naturelles, elles appartiennent à l'ensemble du monde, c'est pourquoi leur prix doit être déterminé de façon consensuelle, compte tenu des besoins financiers des pays africains. Par conséquent, le prix des matières premières doit être fixé à un niveau tel que, d'une part, il ne favorise pas leur gaspillage, d'autre part, il n'écarte aucun pays qui en aurait besoin, enfin, il doit permettre aux pays africains exploiteurs et exportateurs de financer de façon régulière, au moins en partie, leur évolution économique et sociale.

En fait, de fortes variations de prix des matières premières ne sont favorables ni aux pays exploiteurs et exportateurs, ni aux pays industrialisés et émergents, ni au développement durable. Lorsque le prix des matières premières augmente fortement, certains pays exploiteurs et exportateurs, encouragés par les organismes financiers au niveau international, projettent des plans de financement de développement qui sont en rapport avec leurs ressources immédiates, mais ils s'endettent aussi sur le marché financier international. Ils pensent et on leur fait croire que leurs futures rentrées de ressources en devises leur permettront de rembourser leur dette. Mais lorsque le prix des matières premières baisse fortement, certains pays exploiteurs et exportateurs endettés se retrouvent alors dans une situation de surendettement. En outre, une forte baisse du prix des matières premières favorise leur gaspillage, mettant en danger l'avenir du développement durable, de la planète terre et du vivant tandis qu'une forte augmentation du prix des matières premières pèse lourdement sur la balance des paiements des pays importateurs de ces matières. Elle est même susceptible de freiner leur évolution économique.

Précisons que dans la majeure partie des cas, les variations de prix des matières premières sont les conséquences des agissements des spéculateurs qui mettent en avant les risques, réels ou imaginaires, de pénuries dues aux conflits internes et aux conflits entre pays exportateurs de ces ressources. Précisons encore qu'il est certain que les augmentations spéculatives des prix des matières premières ne profitent pas immédiatement, ni totalement, aux pays exportateurs ; elles profitent essentiellement aux spéculateurs et à leurs financiers, tout en pénalisant les pays importateurs. Précisons enfin que les spéculateurs sont les bandits des temps modernes, bandits dont les actions et les agissements sont légitimés par les Organisations Internationales et par les Etats, qui considèrent leurs actions et agissements comme un indicateur nécessaire de la situation quand ils ne les passent pas sous silence purement et simplement.

Un sursaut général est nécessaire pour fixer un niveau de prix des matières premières qui à la fois permettrait d'en maîtriser l'utilisation, garantirait aux pays importateurs un approvisionnement régulier et garantirait aux pays africains de pouvoir financer de façon régulière leur développement. Et c'est aux Organisations Internationales qu'il revient de tout faire pour réunir les conditions de la réalisation de ces objectifs. Ces Organisations doivent réunir l'ensemble des pays, les pays exploiteurs et exportateurs des matières premières et les autres pays, afin de fixer le prix des matières premières grâce à des négociations, en expliquant les avantages pour l'ensemble des pays. Ces prix fixes et garantis permettraient aux pays africains de pouvoir compter sur une entrée régulière de devises, et ils permettraient d'écarter les agissements de spéculateurs sans scrupules. L'entrée régulière de devises permettrait aux pays africains d'établir des plans de financement du développement à court, moyen et long termes.

Ces prix garantis écarteraient les risques d'incertitude pour les entreprises des pays importateurs des matières premières. Toutefois, il est important de préciser que les devises obtenues par les pays exportateurs sont destinées à financer les importations de ces pays, essentiellement des produits d'équipement, puisqu'ils n'en produisent pas, ce qui signifie que ces devises retourneront en majeure partie dans la plupart des pays importateurs des matières premières.

En ce qui concerne les pays qui ont besoin de matières premières, mais qui n'ont pas ou pas suffisamment de devises pour financer leurs achats, il suffit de créer une caisse de solidarité, qui pourrait être gérée par les Organisations Internationales, ou par un organisme indépendant. Dans cette caisse sera versé un pourcentage des devises résultant de la vente des matières premières. Ces devises permettront de financer, en partie ou en totalité, selon les pays, l'achat de matières premières pour les pays les moins avancés économiquement.

(ii) *Le financement des mesures et décisions qui créent les conditions d'entrée dans la phase du développement*

L'application de ces mesures et décisions est subordonnée d'abord à la volonté et à la clairvoyance des dirigeants de chaque pays, le niveau de leur réalisation dépendant des possibilités de financement, interne et externe (devises), de chaque pays. Ces niveaux d'application et de réalisation peuvent évoluer grâce à de véritables coopérations régionales et internationales (cf. section VI).

1° *Les possibilités de financement des secteurs de l'éducation et de la formation*

L'éducation et la formation constituent les éléments centraux, les priorités des priorités des projets à réaliser. Même si nous dénonçons les conséquences néfastes des entreprises dites multinationales, même si nous n'approuvons pas l'implantation de ces entreprises dans les pays en développement, nous pouvons nous demander pourquoi les entreprises dites multinationales s'implantent dans certains pays en développement plutôt que dans d'autres. En fait, les financiers de ces entreprises décident d'implanter leurs entreprises dans les pays où les monnaies sont sous-évaluées, mais aussi et surtout là où ils trouvent une main-d'œuvre qualifiée, où ils trouvent des personnes dont le niveau d'éducation et la formation permettent d'assurer l'encadrement de ces entreprises et d'utiliser certaines techniques de production. Ce constat suffit à mettre en évidence l'importance de l'éducation et de la formation pour créer la première condition sans laquelle une véritable entrée dans la phase du développement est irréalisable.

Le financement des secteurs de l'éducation et de la formation ne devrait pas poser problème, s'il existe une véritable volonté politique. En fait, le retard de ces secteurs est dû à l'ignorance de certains dirigeants, conjuguée avec le fait que les Organisations Internationales, jusqu'à une date récente, considéraient que ces secteurs, n'étant pas productifs, n'étaient pas des secteurs prioritaires. Quant au financement de ces secteurs, disons-le sans détours, il est possible. Car en effet, comment certains dirigeants de ces pays peuvent-ils prétendre qu'ils n'ont pas les moyens de financer ces secteurs, alors qu'ils gaspillent leurs ressources financières dans des projets mégalomanes, qu'ils financent des guerres, qu'ils financent l'importation de produits de luxe, etc. ? En outre, comme nous l'avons vu au chapitre I, sous-section II.7, les pays africains ont des sommes considérables placées à l'étranger (représentant une évasion des capitaux). Ces pays auraient donc la possibilité de financer l'éducation et la formation, en écartant les guerres, les projets mégalomanes et en diminuant l'importation des produits de luxe, qui constituent un gaspillage de leurs ressources financières. Ces pays ont besoin de dirigeants qui soient au service de leur pays et de leurs citoyens, qui s'intéressent à l'avenir de la population de leur pays. Ils doivent mener une gestion saine et rigoureuse de leurs ressources financières. Ces pays peuvent aussi améliorer les recettes de l'Etat, en améliorant la formation de leurs agents et l'organisation de la collecte des impôts directs et indirects, comme nous l'avons vu.

Enfin, dans certains pays africains ou dans certaines régions de ce continent, il ne suffit pas de construire des écoles, il ne suffit pas non plus de se contenter de donner le pourcentage d'enfants inscrits à l'école, pour voir les choses évoluer dans ce domaine. L'important, c'est le pourcentage d'enfants qui vont réellement à l'école. Dans le premier chapitre, nous avons vu pour quelles raisons une partie des enfants inscrits à l'école n'y allaient pas. Le problème est de savoir comment faire face à cette situation. A cette fin, il faut que le manque à gagner des familles soit compensé par des aides publiques. Pour les pays dont le budget de l'Etat est trop limité, cette aide peut être financée par une création de monnaie qui sera récupérée par la vente des produits de première nécessité importés et vendus aux familles qui en ont besoin. Il faut aussi faire comprendre aux parents et aux enfants à quel point leur avenir serait meilleur grâce à l'éducation et à la formation.

2° *Les possibilités de financement du secteur agricole*

Le soutien du secteur agricole et le financement de son développement constituent deux problèmes importants qui doivent préoccuper les dirigeants de la plupart des pays africains. Nous l'avons vu, le secteur agricole permet de satisfaire les besoins alimentaires de la population d'un pays, mais il doit permettre aussi d'assurer son indépendance alimentaire. Il permet encore de réaliser des économies en devises. Il faut donc prendre toutes les mesures nécessaires pour que les cultivateurs ne soient pas obligés de quitter leur terre. En effet, les cultivateurs doivent pouvoir vivre du revenu de leur travail. Le niveau de leur revenu dépend, essentiellement, du niveau du prix de leurs produits. Ainsi le soutien du secteur agricole passe-t-il par le soutien et la garantie des prix des produits de ce secteur. Ces mesures encourageraient les cultivateurs à continuer de cultiver leur terre, à ne pas l'abandonner. Ce soutien doit être combiné avec des mesures qui permettent de préserver de la concurrence déloyale des produits agricoles importés ou offerts par les Organisations Internationales, par divers pays ou par les organisations non gouvernementales (ONG).

L'aide alimentaire apportée aux sinistrés à la suite des guerres, de la sécheresse, des inondations, des tremblements de terre, etc.

doit être limitée dans le temps et dans l'espace. Toutes les mesures nécessaires doivent être prises pour qu'elle ne soit pas détournée pour être vendue à vil prix sur le marché des pays aidés. En outre, toutes les organisations et tous les pays qui souhaitent venir en aide aux sinistrés doivent acheter, dans la mesure du possible, des produits alimentaires provenant des régions ou des pays qui ont les mêmes cultures alimentaires. Ainsi serait-il possible d'éviter les changements d'habitudes alimentaires et, de ce fait, de favoriser la reprise des cultures dans les pays ou régions sinistrés, lorsque ces événements tragiques prennent fin ou sont écartés.

Il est vrai que le soutien et la garantie des prix des produits agricoles peuvent peser sur le budget de l'Etat dans ces pays. Mais il est vrai aussi que c'est le prix à payer pour préserver le secteur agricole afin de pouvoir défendre et réaliser l'indépendance alimentaire dans les pays qui en ont la possibilité, c'est-à-dire dans les pays qui ont des terres cultivables ou des terres à mettre en culture.

Le développement du secteur agricole passe par la formation des travailleurs de la terre, par l'élargissement des terres cultivables et par l'emploi des nouvelles techniques. La mise en culture de nouvelles terres nécessite des dépenses qui ne peuvent pas être assurées en totalité par les cultivateurs. L'emploi des techniques les plus avancées améliore la productivité et favorise le développement du secteur agricole. Ces techniques sont coûteuses et il n'est pas certain que tous les cultivateurs puissent financer leur achat. L'Etat doit donc prendre en charge, en partie ou en totalité, selon les possibilités financières des cultivateurs, les frais de la mise en culture de nouvelles terres et le financement de l'achat des nouvelles techniques. Toutefois, les sources dans lesquelles l'Etat peut puiser cette prise en charge et ce financement ne sont pas les mêmes. La prise en charge des aides qui concernent les frais de mise en culture de nouvelles terres relève du budget de l'Etat. En effet, les préparations de la mise en culture de nouvelles terres sont réalisées essentiellement par l'emploi de la main-d'œuvre, tandis qu'une grande partie des techniques dont l'emploi améliore la productivité est importée, ce qui signifie que le financement de leur achat nécessite des devises. Mais tous les pays africains n'ont pas les mêmes possibilités financières en devises pour financer l'achat de ces techniques. Certains de ces pays le peuvent sans endettement extérieur, d'autres ne le peuvent pas. Ces derniers sont alors dépendants du marché financier international, des Organisations Internationales, des prêts de certains pays, alors que les pays africains considérés dans leur ensemble auraient la possibilité de financer l'achat de ces techniques, essentiellement grâce aux ressources financières qu'ils tirent de l'exportation de leurs ressources naturelles.

3° *Les possibilités de financement des infrastructures*

Il existe aussi deux sortes de financements des infrastructures. La première dépend du budget de l'Etat. La deuxième dépend des devises que chaque pays tire de ses exportations ou que chaque pays peut ou ne peut pas emprunter. Le financement de la réalisation des infrastructures constitue l'une des prérogatives de l'Etat qui emploie et donc paye des travailleurs (ouvriers, techniciens, ingénieurs, etc.) pour réaliser des écoles, des hôpitaux, des routes, des chemins de fer, etc. La réalisation de ces infrastructures nécessite des équipements que les pays africains ne produisent pas actuellement et qu'ils doivent donc importer. Pour financer l'importation de ces équipements, ils doivent avoir des devises ou les emprunter. Nous verrons, dans la section VI, que la coopération entre pays africains leur permettrait de financer, en totalité ou en grande partie, l'importation de ces équipements. Nous avons vu dans les points précédents que la plupart des pays africains auraient les moyens financiers intérieurs et extérieurs de financer leurs secteurs prioritaires, il suffirait qu'ils rationalisent l'utilisation de leurs ressources financières.

Les pays africains, dans leur ensemble, n'ont donc pas besoin de l'aide financière étrangère. Nous l'avons vu, l'évasion des capitaux de ce continent représente environ 285 milliards de dollars. L'Afrique subsaharienne produit 7% de la consommation mondiale de pétrole et les réserves connues sont du même ordre. Les 7% de la consommation mondiale de pétrole, au prix moyen du marché de 70 dollars, représentaient environ 150 milliards de dollars pour l'année 2008. Nous verrons que le résultat net cumulé de seulement trois des premiers groupes miniers mondiaux (Rio Tinto, BHP Billiton, Anglo American) était de 26,9 milliards USD en 2006. Ces quelques chiffres, parmi d'autres, permettent de constater que les ressources financières des pays africains sont largement suffisantes pour financer leur développement. Ils permettent aussi de dire aux dirigeants des Organisations Internationales, aux dirigeants de certains pays, aux responsables des organisations non gouvernementales, etc., qu'au lieu de demander de l'aide financière en faveur des pays africains, ils devraient œuvrer, d'une part, pour faire rapatrier les capitaux placés dans les banques étrangères, d'autre part, pour négocier l'établissement ou le rétablissement de contrats équitables concernant l'exploitation et l'exportation des ressources naturelles de ces pays, enfin, pour créer un organisme qui contrôlerait l'utilisation de leurs ressources financières.

V. Proposition n°4 : les décisions qui favorisent la réalisation du développement

La responsabilité des décisions qui favorisent la réalisation du développement et donc la concrétisation de ces décisions incombent aux dirigeants politiques, aux responsables économiques et aux entrepreneurs de l'ensemble des secteurs de chaque pays. L'ampleur de la réalisation de ces décisions dépend de la volonté de ces dirigeants et entrepreneurs, mais aussi du niveau de réalisation d'autres décisions qui créent les conditions d'entrée dans la phase du développement et bien sûr des moyens financiers, intérieurs et extérieurs (les devises) dont chaque pays dispose. Pour cette dernière condition, tant que ne sont pas réalisées les coopérations régionales et internationales, rien n'est possible.

Dans la section II.1, nous avons vu les principales conditions politiques dont l'existence favoriserait la réalisation du développement. Rappelons deux de ces principales conditions. Ce sont : premièrement, l'existence de dirigeants politiques et économiques éclairés qui soient au service de leur pays et de leur population, deuxièmement, l'établissement d'un climat de confiance à l'intérieur du pays et avec les autres pays. Ce climat permettrait de mobiliser et d'employer rationnellement toutes les ressources humaines et financières du pays dans le but de réaliser le développement économique et l'évolution sociale.

Le principal objectif de l'économie est la satisfaction des besoins économiques des individus. Toutefois, le niveau de satisfaction des besoins économiques d'un pays dépend du niveau de la production dont la réalisation est subordonnée aux possibilités humaines, financières, techniques, etc. dont chaque pays dispose dans une période donnée. Par conséquent, étant donné que ces possibilités soit ne sont pas suffisamment mises en valeur, soit ne sont pas utilisées rationnellement, soit encore sont limitées dans les premières phases de développement, les pays en développement, dont les pays africains, doivent organiser leur production pour satisfaire en priorité les premiers besoins économiques de leur population.

1° L'une des décisions importantes que les dirigeants des pays africains devraient prendre est celle de planifier le développement de leur pays. Pierre Massé (Commissaire Général du Plan en France, dans les années 1950-1960) qualifiait le plan d'anti-hasard. En effet, le plan permettrait de réaliser un développement équilibré qui commencerait par répondre aux besoins économiques premiers de la population. Il permettrait de tenir compte des ressources humaines, des ressources naturelles, financières, techniques, etc., dont chaque pays dispose et peut disposer durant cette phase.

Le plan permettrait de guider les décisions et les actions de l'Etat. Il permettrait d'ordonner la réalisation des projets en tenant compte des possibilités humaines (éducation et formation), des possibilités financières intérieures (budget de l'Etat, épargne des artisans et profit des entreprises) et extérieures (devises), des ressources naturelles, de la situation des infrastructures et de leur évolution, etc. Il permettrait d'établir une hiérarchie en donnant la priorité au développement des secteurs et des entreprises dont la production est destinée à satisfaire, d'abord, les besoins économiques premiers et sociaux d'un pays ou d'un ensemble de pays.

Le plan combiné avec les indicateurs du marché (profits et pertes) permettrait d'écarter les risques d'un développement anarchique non équilibré. Autrement dit, le plan et les indicateurs du marché permettraient de cordonner l'évolution des secteurs et des entreprises en fonction de l'évolution des besoins économiques de chaque pays concerné.

2° Une autre décision importante à prendre serait celle de la réforme du système bancaire. Dans toute économie, quelle qu'elle soit (économie artisanale où l'échange est généralisé ou économie salariale), le système bancaire joue un rôle important. Un système bancaire bien organisé est un système qui est au service des artisans, des entreprises, des consommateurs et de l'économie du pays. Un système bancaire bien organisé facilite et favorise la monétisation de la production et le financement de l'évolution économique. Or, le fonctionnement du système bancaire actuel est à l'origine du dysfonctionnement de l'économie et des prélèvements illégitimes, car il confond monnaie et revenu monétaire. L'un des principaux objectifs du système bancaire actuel est la réalisation d'un maximum de profit, de ce fait, il pénalise les artisans et les entrepreneurs. Le système bancaire réformé devra respecter la règle de la création de monnaie, de ce fait, il ne confondra plus monnaie et revenu, il ne confondra pas actions monétaires et actions financières, il ne confondra pas le taux d'intérêt monétaire et le taux d'intérêt financier, il sera réellement au service de l'économie.

Dans le système réformé, l'épargne sera rémunérée au même taux que celui de l'inflation afin de préserver le pouvoir d'achat réel de l'épargne. Cette exigence découle de l'un des principes de l'économie, principe selon lequel seule la production est source de revenu : sans la production il n'y a ni produit, ni revenu. De ce principe découle la règle suivante : pour avoir un revenu légitime, il faut participer à la réalisation de la production. Par conséquent, être épargnant ne doit pas donner droit à une partie du produit. Un tel « droit » est obtenu lorsque le taux d'intérêt des prêts financiers dépasse le taux de l'inflation et le coût du fonctionnement du département financier des banques. En fait, ce droit n'est pas obtenu grâce à la participation à la réalisation de la production. En réalité, c'est une sorte de prélèvement indu qui apparaît lorsque l'épargne constitue une source de revenu pour les épargnants. En outre, toute émission de monnaie qui n'est pas en rapport avec la monétisation de la production devient une cause de prélèvement illégitime. Remarquons que le pouvoir d'achat réel des titulaires de revenu (ceux qui ont obtenu un revenu grâce à leur participation à la réalisation de la production) pourra augmenter de façon importante lorsque l'on parviendra à écarter les prélèvements indus et illégitimes.

3° Il faut prendre des mesures qui permettraient d'éviter l'évasion des capitaux financiers. Pour écarter les risques d'évasion des capitaux, il suffirait d'établir ou de rétablir le contrôle des changes. Il est vrai qu'actuellement le FMI et la Banque Mondiale exigent la libre circulation des capitaux, ce qui a pour effet de faciliter et de favoriser l'évasion des capitaux financiers Or, il suffirait que l'ensemble des pays africains se réunissent et mettent en évidence les conséquences néfastes pour leurs pays de l'évasion des capitaux, pour qu'ils soient en mesure d'imposer la levée de cette exigence des Organisations Internationales.

4° Il faut prendre des mesures pour négocier ou renégocier les contrats d'exploitation et d'exportation des matières premières et des ressources naturelles établis avec les entreprises du pays et avec les entreprises, les sociétés, les cartels étrangers ou avec d'autres pays. Les contrats véreux actuels ne permettent pas aux Etats africains de recevoir le montant qui leur est dû financièrement.

« Les grandes sociétés minières internationales ont vu leurs résultats s'envoler. Le résultat net cumulé des trois premiers groupes miniers mondiaux (Rio Tinto, BHP Billiton, Anglo American) est passé de 4,3 milliards USD en 2002 à 26,9 milliards USD en 2006. Leur capitalisation boursière est passée de moins de 100 milliards en 2002 à plus de 400 milliards USD en 2008. Anglo American a distribué 10 milliards USD de dividendes en 2006. Le secteur connaît des concentrations qui conduisent à la naissance d'hypergroupes planétaires. » (Cf. Ressources minérales et développement en Afrique, Document d'orientation stratégique, 2008).

En fait, aucune explication économique rationnelle ne permet de justifier cela : pourquoi 26,9 milliards USD ont-ils ainsi échappé aux pays exportateurs de minerais en 2006 ? Aucune explication économique rationnelle ne permet de dire pourquoi la même année certains ont reçu 10 milliards USD de dividendes. Ces chiffres permettent de constater comment certains habitants des pays auxquels appartiennent ces sociétés ont pu s'enrichir au détriment des pays exportateurs de minerais. Toutefois, les intérêts en jeu, qui apparaissent clairement à travers ces chiffres, permettent de comprendre pourquoi ces cartels, ces sociétés, etc. convoitent les richesses naturelles de ces pays.

Les dirigeants des pays africains doivent cesser de considérer comme leurs propriétés les minerais, le pétrole, les ressources naturelles, les mers côtières ou les océans, les terres, etc., des pays qu'ils dirigent. Les dirigeants des pays qui convoitent ces richesses doivent cesser leurs manipulations et respecter l'indépendance des pays africains. Les dirigeants des Organisations Internationales doivent cesser de passer sous silence les contrats véreux liés à l'exploitation et à l'exportation de ces richesses.

Les dirigeants des pays africains doivent renoncer aux contrats stipulant l'exploitation de leurs richesses en contrepartie de l'importation des produits de consommation tels que, par exemple, des voitures, des 4*4, etc. Ces importations ne profitent qu'à certaines catégories et ne favorisent pas le développement de leur pays.

5° Il faut exiger l'établissement des taux de change dans le respect de la parité des pouvoirs d'achat. Pour que cette exigence ait un écho, il faut qu'elle soit formulée par l'ensemble des pays africains. L'établissement des taux de change dans le respect de la parité des pouvoirs d'achat écarterait l'une des causes du pillage de ces pays, en ce sens qu'il leur permettrait d'importer l'équivalent des produits qu'ils exportent.

6° Il faut prendre des mesures pour améliorer l'organisation ou la réorganisation et la gestion du système de la déclaration des revenus et de la collecte des impôts directs et indirects, afin d'améliorer les recettes de l'Etat et d'établir une meilleure justice sociale. L'amélioration des recettes de l'Etat permettrait, par exemple, de réaliser de nouveaux investissements dans les secteurs prioritaires.

7° Il faut prendre des mesures contre la corruption organisée afin de créer un climat de confiance, ce qui favoriserait les initiatives privées et publiques. Nous l'avons vu, la corruption des agents de l'Etat est due au fait que leur revenu ne leur permet pas de satisfaire leurs besoins économiques. Cette situation est due elle-même au fait qu'il existe, d'une part, une corruption organisée par les dirigeants, d'autre part, des prélèvements indus et illégitimes qui amputent une partie du pouvoir d'achat réel des titulaires de revenu qui participent à la réalisation de la production.

8° Il faut prendre des mesures pour mettre en place un système de protection sociale, au moins dans un premier temps, dans les domaines de la santé, des accidents du travail et de la retraite. Ces mesures permettraient non seulement de favoriser l'évolution du secteur de la protection sociale, et la situation de l'emploi, mais aussi d'améliorer la santé et le bien-être des travailleurs. Remarquons qu'en 1945, lorsque la France a mis en place la sécurité sociale, c'était un pays ruiné par la guerre. Cet exemple permet de constater que lorsque la volonté politique existe, il est possible de prendre des décisions importantes en faveur de la population d'un pays.

9° Il faut prendre des mesures pour favoriser l'industrialisation. Nous savons que les auteurs tels que Smith, Ricardo et Keynes ont établi une relation entre le niveau des investissements et le niveau de l'emploi. C'est l'accroissement des investissements (dans l'ensemble des secteurs) qui permet de diminuer le taux de chômage et de sous-emploi de la main-d'œuvre dans les pays en développement. En outre, l'industrialisation permet d'améliorer la productivité du travail, et donc de mieux satisfaire les besoins économiques. Mais étant donné que les pays africains ne produisent pas ou produisent peu, le profit et l'épargne, même s'ils existent, ne peuvent pas se transformer, à l'intérieur de leur pays, en capital qui permettrait de diminuer réellement le taux de chômage et de mieux satisfaire les besoins économiques. Les pays africains sont donc obligés d'importer des moyens de production. Le niveau d'importation de ces moyens de production dépend des possibilités de leur financement en devises. Nous l'avons vu, les pays africains considérés dans leur ensemble ont les moyens de financer l'importation de ces produits. Précisons, toutefois, qu'il ne suffit pas de les importer, encore faut-il pouvoir les utiliser rationnellement. Pour les utiliser rationnellement, il faut disposer d'ingénieurs, de techniciens, de cadres et d'une main-d'œuvre qualifiée. D'où encore l'importance de l'évolution des secteurs de l'éducation et de la formation pour ces pays.

10° Il faut prendre des mesures pour éviter l'implantation des entreprises dites multinationales dont l'objectif est de réaliser des produits dans les pays africains, où les monnaies sont sous-évaluées, pour les vendre dans les pays où les monnaies sont surévaluées par rapport aux monnaies des pays africains. En réalité, l'objectif de ces entreprises n'est pas de favoriser le développement économique de ces pays, mais de réaliser des surprofits au détriment du pouvoir d'achat réel des travailleurs des pays où elles s'implantent. En effet, l'implantation de telles entreprises devient une cause de pillage des pays où elles s'implantent, une cause d'inflation, une cause d'aggravation des inégalités économiques et donc sociales dans ces pays. En outre, l'implantation de ces entreprises est susceptible d'engendrer un développement non équilibré, car leur évolution dépend de la demande extérieure avec toutes les conséquences que cela implique, notamment sur l'emploi et le chômage.

Certaines de ces décisions peuvent être prises et appliquées par les dirigeants politiques et économiques de chaque pays africain, la mise en place de certaines autres décisions exige plus de ressources de toutes sortes (humaines, financières, etc.), elles ne peuvent donc être appliquées que grâce à la coopération régionale, d'autres encore dépendent des pays dits industrialisés et émergents. Toutefois, il ne faut pas sous-estimer le rôle que peuvent jouer les Organisations Internationales, chacune dans le domaine qui la concerne, Elles doivent jouer leur véritable rôle en faisant respecter les règles du fonctionnement normal de l'économie internationale, des règles dont l'application ne fait apparaître ni pays gagnants, ni pays perdants, des règles qui mettent tous les pays à égalité. Par exemple, le rôle du FMI est de faire respecter la règle qui permet d'établir la parité des pouvoirs d'achat. Il faut établir des règles qui déterminent les conditions d'établissement des contrats d'exploitation et d'exportation des ressources naturelles et les faire respecter. L'application de ces règles augmenterait les ressources financières des pays africains.

VI. Proposition n°5 : la coopération entre pays africains

Les pays africains pris individuellement sont dépendants et ils peuvent avoir besoin d'aides soit financières, soit techniques, soit militaires, etc. Mais ces mêmes pays unis deviendraient totalement ou en grande partie indépendants de ces aides.

La coopération constituerait un facteur important qui favoriserait le développement et l'entente pacifique entre les pays de ce continent qui, bien que diversifié, est riche en ressources humaines et naturelles. Certains pays africains ont des terres fertiles et une pluviométrie suffisante, d'autres sont plus ou moins arides. Certains pays sont riches en minerais, d'autres en gisements de pétrole, d'autres encore en mines. Certains pays ont des diplômés de l'enseignement supérieur et des techniciens qui actuellement soit ne sont pas employés selon leur compétence, soit sont au chômage, soit ne rentrent pas dans leur pays d'origine, soit quittent leur pays. La mise en commun de ces ressources humaines et des moyens financiers tirés de l'exploitation de leurs ressources naturelles pourrait créer une situation permettant de favoriser le développement économique et social de l'ensemble de ces pays.

Or, cette mise en commun exigerait une véritable volonté politique de tous les dirigeants. Pour favoriser la réalisation de cette situation, pour défendre l'intérêt général de la population de leur continent, les dirigeants de ces pays doivent renoncer à leur intérêt égoïste, sortir de la tutelle exercée par certains pays, devenir véritablement indépendants afin qu'ensemble ils puissent créer les conditions de la réalisation du bien-être de tous les habitants de leur continent.

Au lendemain de la seconde Guerre mondiale a été fixée la tâche de l'ONU, celle d'assurer la paix dans le monde, tandis que des institutions spécifiques étaient créées afin d'aider à réaliser l'essor économique et social de l'ensemble des pays. S'il est vrai que la « diplomatie préventive » choisie par l'ONU est nécessaire pour réussir à réunir autour d'une table les représentants de pays adverses afin d'obtenir la paix, il est vrai aussi qu'elle n'est pas suffisante pour réaliser une paix durable et les exemples historiques nous l'ont montré. Elle doit être complétée par des coopérations et, en particulier, par des coopérations économiques. C'est ce qu'ont compris et réussi à mettre en œuvre des personnalités telles que Jean Monnet, pour l'Europe, à partir de 1950. Ce rôle de coopération devrait être favorisé, voire assumé et revendiqué par les dirigeants des organisations telles que la Banque Mondiale et le FMI, qui devraient mobiliser, à cette fin, des ressources humaines et financières considérables.

Nous l'avons dit et répété, les pays africains considérés dans leur ensemble sont riches. Mais chacun de ces pays pris individuellement a ses handicaps et ses atouts. Les pays de ce continent ont des intérêts communs. Or, leurs dirigeants se comportent comme des rivaux pour satisfaire leur propre intérêt et celui de ceux qui convoitent leurs richesses. En effet, les richesses naturelles de ce continent constituent un atout incontestable. Mais la convoitise a transformé cet atout en handicap.

Les pays africains doivent désormais prendre leur destin en main, en commençant d'abord par s'entre-aider eux-mêmes. Ainsi les atouts des uns pourraient compenser les handicaps des autres. En fait, les pays africains qui parviendront à coopérer pourront beaucoup plus facilement vaincre le sous-développement et ses conséquences néfastes, dont la misère est l'aspect le plus criant.

La mise en commun de leur savoir-faire, grâce à une coopération politique, économique, monétaire et financière, coopération régionale ou élargie, faciliterait leur développement. L'aboutissement d'une telle coopération pourrait être l'union des pays membres dans l'ensemble des domaines. La coopération permettrait de mettre en commun les atouts de chaque pays, ressources financières comprises, d'un ensemble de pays ou de l'ensemble des pays de ce continent. Cette coopération favoriserait l'entente pacifique entre ces pays, ce qui serait bon pour leur évolution économique et sociale. L'exemple de la France et de l'Allemagne permet de mettre en valeur l'immense avantage de la coopération économique. Les pays européens étaient en guerre périodiquement et régulièrement. Depuis qu'ils ont pris la décision de coopérer, ils ont scellé leur avenir en écartant les conflits militaires. De la même façon, que d'avantages résulteraient d'une coopération entre pays africains !

1° La coopération permettrait de mettre en commun des savoir-faire africains afin de compenser, réciproquement, les handicaps des uns par les atouts des autres. Elle créerait une émulation vers la conquête du développement.

2° La coopération permettrait de mettre en commun des ressources financières (nationales et devises) afin de réaliser, dans un premier temps, des investissements dans les secteurs qui favorisent l'évolution économique et sociale de l'ensemble des pays membres des coopérations régionales ou élargies. La mise en commun de leurs ressources financières permettrait à ces pays de devenir totalement ou en grande partie indépendants des marchés financiers internationaux.

3° La coopération favoriserait aussi et surtout l'entente pacifique et donc la marche vers la réalisation de la paix. Elle permettrait d'écarter certains conflits ethniques, du fait, par exemple, de l'égal traitement dont bénéficieraient tous les pays membres et leurs composantes ethniques, religieuses ou autres, de la mise en commun des ressources, etc. La paix retrouvée leur permettrait d'économiser d'importantes sommes d'argent, qui pourraient alors être utilisées en faveur de leur développement économique et social. Elle écarterait l'une des principales causes de l'exode rural engendré par les conflits actuels. Elle écarterait l'une des causes de la désertification due à l'abandon des terres résultant de l'exode rural et à la dévastation des terres résultant des guerres fratricides. Elle écarterait aussi l'une des causes de l'évasion des capitaux, évasion due à la peur et à l'incertitude engendrées par les conflits. Enfin, non seulement la paix écarterait l'une des causes de l'émigration qui entraîne avec elle la fuite des cerveaux, mais elle favoriserait aussi le retour des diplômés de l'enseignement supérieur sur leur continent.

4° La coopération ou l'union permettraient à ces pays de mieux défendre leurs intérêts au niveau régional et mondial ; par exemple les pays membres pourraient exiger l'établissement de contrats d'exploitation et d'exportation qui leur soient plus favorables ; ils pourraient exiger l'établissement de taux de change effectués dans le respect de la parité des pouvoirs d'achat, etc.

5° La coopération faciliterait et favoriserait la réalisation de l'union économique, les avantages d'une union économique se manifestant par l'élargissement des échanges dans tous les domaines, économique, culturel, scientifique, etc., elle favoriserait et faciliterait l'entente pacifique, scellerait le destin de l'évolution économique et sociale des pays membres. Cette situation permettrait de prendre conscience du fait que le développement économique et social de certains pays membres favorise celui des autres pays membres.

6° La coopération faciliterait et favoriserait la réalisation d'une union monétaire qui stimulerait le développement des échanges dans tous les domaines. L'union monétaire est distincte de la monnaie unique. Dans le cadre de l'union monétaire, chaque pays garde sa monnaie. L'établissement des taux de change dans le respect de la parité des pouvoirs d'achat constitue la principale condition de la réussite de l'union monétaire, dont l'aboutissement pourrait être la monnaie unique, qui consacre l'intégration économique des pays qui l'acceptent.

Distinguons la monnaie unique et l'union monétaire. Il est vrai que l'intégration économique d'un ensemble de pays passe par l'introduction d'une monnaie unique pour un ensemble de pays. Toutefois, s'il est vrai que la monnaie unique facilite la comparaison des prix des produits dans l'ensemble des pays considérés, il est vrai aussi que la pérennité de la monnaie unique passe par la coordination des politiques économiques, des politiques financières, des politiques sociales, des politiques des impôts directs et indirects, etc., de l'ensemble des pays qui acceptent la monnaie unique. Autrement dit, si ces politiques ne sont pas coordonnées, si ces politiques ne sont pas harmonisées, la distorsion des prix et les politiques fiscales risquent d'engendrer une dislocation de la monnaie unique, elle-même susceptible de mettre en danger l'avenir de l'union économique.

L'union monétaire est compatible avec les politiques économiques, financières et sociales, même divergentes. En fait, la distorsion des prix peut être corrigée par les taux de change établis dans le respect de la parité des pouvoirs d'achat. Mais ni la monnaie unique, ni l'union monétaire ne doivent avoir pour objectif de mener des politiques monétaires communes. En effet, lorsque les banques de l'ensemble des pays de l'union respectent la règle de la création de monnaie, les politiques monétaires deviennent sans objet.

L'union financière des pays africains, dans le cadre d'une union ou coopération économique et monétaire, peut jouer un rôle important dans le financement de l'évolution économique et sociale des pays membres. Dans le cadre d'une planification du développement par l'ensemble des pays membres de l'union, ces pays pourront mettre en commun leurs ressources financières résultant de l'exploitation et de l'exportation de leurs ressources naturelles. Ces ressources financières seront destinées à financer l'importation des produits nécessaires au développement économique et social de ces pays. En d'autres termes, les pays qui réaliseront une balance commerciale excédentaire ne placeront plus le résultat financier de leur balance commerciale sur le marché financier international, mais ils l'utiliseront afin de faire jouer la solidarité entre les pays membres de l'union.

La réalisation de la coopération est subordonnée, essentiellement et d'abord, à une véritable volonté des dirigeants de ces pays. Mais elle nécessite aussi une neutralité positive des dirigeants des autres pays et, en fait, elle sera favorable à l'ensemble des pays du monde.

En effet, non seulement la stabilité politique et la paix favoriseront la réalisation de l'évolution économique et sociale des pays africains, mais elles créeront aussi un climat favorable pour que les pays qui en ont besoin puissent accéder aux ressources naturelles dans ces pays. En fait, dans un climat favorable, une interdépendance apparaîtra entre, d'une part, les pays industrialisés et émergents, d'autre part, les pays africains. Les premiers ont besoin d'acheter les ressources naturelles des seconds, les seconds ont besoin de les vendre pour financer, par exemple, le développement de leur économie. Les seconds ont besoin d'acheter les équipements, les premiers peuvent les leur vendre. Ce climat favorable permettra d'écarter la principale cause de spéculation sur le marché des ressources naturelles, car il permettra d'écarter les risques d'incertitude sur le prix de ces ressources.

En outre, dans un climat favorable et dénué d'arrière-pensées, sans politique intéressée, cette interdépendance pourra s'étendre en coopération entre ces deux ensembles de pays dans les domaines tels que, par exemple, l'éducation, la formation, la santé, la recherche, l'agriculture et l'industrie.

Lorsque les dirigeants des pays dits industrialisés et les dirigeants des pays émergents auront compris que l'évolution économique et sociale des pays africains est favorable à l'ensemble des pays du monde, aussi bien sur le plan économique que sur le plan de l'entente pacifique entre les pays, ils prendront les décisions aptes à favoriser le développement de ces pays et ils décideront même de coopérer avec eux.

VII. Proposition n°6 : l'indépendance énergétique des pays africains

L'indépendance énergétique des pays africains serait non seulement possible et financièrement favorable à ces pays, mais elle serait aussi favorable à l'environnement et au monde.

L'augmentation de la population et le développement accroissent les besoins énergétiques. L'importation de matières énergétiques pèse lourdement sur la balance commerciale de certains pays africains. Actuellement, c'est le bois qui constitue une source d'énergie quasi unique pour la plupart des foyers dans certains pays africains et cette façon d'utiliser le bois est l'une des causes de la désertification, dont les conséquences sur le plan écologique sont dévastatrices.

Les forêts sont un bien commun de l'humanité. Elles constituent une source naturelle d'assainissement de l'air. Leur destruction est responsable de la désertification qui frappe actuellement certains pays africains, alors que leur exploitation rationnelle pourrait constituer une source de revenu pour les pays de ce continent. Certains pays africains qui n'ont pas les moyens financiers d'importer du pétrole sont donc actuellement obligés de dévaster leurs forêts.

Or, grâce aux découvertes scientifiques et technologiques, les pays du continent africain auraient pu et pourraient devenir, en grande partie, indépendants de l'énergie qui résulte de l'exploitation des forêts, du pétrole, du gaz, du charbon, etc. Pour qu'ils puissent réaliser cette indépendance, il suffirait de mettre à leur disposition les moyens techniques et humains permettant de capter et d'utiliser les énergies renouvelables, telle que l'énergie solaire. Une telle mesure aurait trois conséquences positives : sur le plan financier, sur le plan de l'évolution économique pour les pays qui l'utilisent, et sur le plan écologique pour le monde. Mais la mise à la disposition de ces pays des moyens techniques et humains permettant de capter et d'utiliser l'énergie solaire exige une volonté politique qui malheureusement n'existe pas encore, cela pour plusieurs raisons : du fait des intérêts en jeu, du fait que les politiques ont une vue à court terme, etc. C'est pourquoi une prise de conscience de tous à tous les niveaux est nécessaire : elle permettrait de faire pression sur les responsables politiques afin qu'ils prennent les mesures qui s'imposent.

En fait, l'évolution des connaissances et les nouvelles technologies permettent de constater que la nature a offert à ces pays d'immenses possibilités, tels que le soleil, le vent, la mer, etc., susceptibles de produire des énergies renouvelables et non polluantes. Ces nouvelles sources d'énergies pourraient même devenir une source potentielle de revenu (en devises) pour ces pays. Toutefois, les contraintes telles que le manque de savoir-faire, le financement de certaines techniques ainsi que toutes sortes de freins empêchent actuellement ces pays de mettre en valeur leurs richesses naturelles. Afin d'écarter ces contraintes, une coopération entre ces pays et au niveau international est nécessaire.

VIII. Proposition n°7 : les règles du fonctionnement normal de l'économie

Il ne suffit pas de réaliser le développement économique. Encore faut-il que ce développement profite à tous, selon la participation de chacun à la réalisation de la production. En fait, dans la plupart des pays, l'évolution économique a aggravé les inégalités économiques et sociales, et cela même si le pouvoir d'achat moyen a augmenté. En fait, le pouvoir d'achat moyen s'est amélioré grâce à l'augmentation de la production, qui est la source du revenu, production dont le travail est la cause. Précisons que l'aggravation des inégalités économiques n'est pas incompatible avec l'amélioration du pouvoir d'achat moyen, car la notion d'inégalité économique est une notion relative. Cela dit, il n'en demeure pas moins que les inégalités économiques et sociales constituent une cause de tensions à l'intérieur des pays concernés. Elles peuvent même devenir une cause d'instabilité politique.

Pour réaliser un développement soutenu et régulier, c'est-à-dire pour écarter les causes du dysfonctionnement de l'économie et l'une des causes des inégalités économiques, à savoir les prélèvements illégitimes, il faut connaître la règle qui permet de distinguer la monnaie du revenu. Pour distinguer la monnaie du revenu, il faut connaître les règles du fonctionnement normal du système bancaire. Pour écarter les prélèvements indus, dont la distribution du profit constitue l'une des principales causes, il faut connaître le principe qui détermine la cause de la production, source du revenu. Enfin, pour connaître les règles dont l'application assure le fonctionnement normal de l'économie, il faut connaître les principes de l'économie établis rationnellement. En effet, c'est de ces principes que l'on peut déduire logiquement les règles du fonctionnement normal de l'économie.

Nous allons donc établir les principes de l'économie nationale. De ces principes seront déduites logiquement les règles du fonctionnement normal de l'économie. Pour établir ces principes et ces règles, nous distinguerons l'économie artisanale de l'économie salariale.

1° Les principes de l'économie artisanale

Principe n°1

Proposition : La production seule permet de satisfaire les besoins économiques des individus.

Démonstration : Sans la production, il n'y a pas de produit et donc aucun besoin économique ne peut être satisfait.

Principe n°2

Proposition : La production seule est source de revenu.

Démonstration : Sans la production, il n'y a ni produit ni revenu. Pour obtenir un revenu (un droit légitime sur les produits), il faut participer à la réalisation de la production de biens et de services.

Ces deux principes constituent les prémisses de l'économie nationale.

Principe n°3

Proposition : L'économie artisanale est une économie d'échange.

Démonstration : Dans une économie artisanale, l'artisan obtient son produit et l'échange sur le marché.

Principe n°4

Proposition : Dans une économie artisanale, valeur créée et prix, bien que distincts, sont déterminés au moment de l'échange.

Démonstration : Ce principe découle du principe n° 3. Dans une économie d'échange, le prix du produit est connu au moment de l'échange. Le producteur-échangiste (artisan) connaît son revenu en déduisant ses frais de production[12] du prix de son produit. Ainsi son revenu représente-t-il la valeur qu'il a créée.

Principe n°5

Proposition : Dans une économie d'échange, les achats sont financés par les ventes.

Démonstration : Ce principe découle des principes n° 3 et 4. Dans une économie d'échange, le producteur-échangiste obtient son produit à la production et c'est la vente de son produit qui lui donne un droit légitime sur les produits d'autres producteurs-échangistes. Pour exercer un pouvoir d'achat, il faut avoir un revenu et pour obtenir un revenu, l'artisan doit vendre son produit. C'est le revenu ainsi obtenu qui lui permet de financer ses achats.

Principe n°6

Proposition : Le profit n'existe pas dans une économie d'échange.

Démonstration : Ce principe découle des principes n° 3, 4 et 5. Le producteur-échangiste obtient son propre produit et l'échange contre d'autres produits qui lui sont équivalents. Le profit

[12] Les frais de production de l'artisan sont constitués par l'achat de produits intermédiaires, de matières premières, etc.

n'apparaît pas, car l'artisan obtient lui-même l'équivalent de son produit à travers l'échange.

Principe n°7

Proposition : La monnaie est un moyen d'échange et non un pouvoir d'achat légitime (elle n'a pas de droit légitime sur les produits).

Démonstration : Ce principe découle des 2° et 5° principes. Sans la production, la monnaie ne peut exercer aucun pouvoir d'achat puisqu'il n'y a, alors, aucun produit à acheter. La monnaie est au service de l'économie. Dans une économie artisanale, ce sont les ventes qui financent les achats et la monnaie intervient en tant qu'intermédiaire des échanges, équivalent général, mais non en tant que pouvoir d'achat légitime.

Principe n°8

Proposition : Dans une économie artisanale, la quantité de monnaie qui entre dans les transactions par les producteurs-échangistes n'a pas d'effet sur leur pouvoir d'achat réel.

Démonstration : Ce principe découle du principe n° 6. Dans une économie artisanale où les échanges sont monétaires, l'artisan obtient la contrepartie de son produit sous forme de monnaie. L'artisan, en dépensant le montant de monnaie ainsi reçue, obtient des produits qui sont équivalents à son propre produit.

2° Les principales règles qui régissent le fonctionnement harmonieux (normal) de l'économie artisanale

Les règles sont déduites logiquement des principes.

Règle n° 1

Proposition : Dans une économie artisanale, les achats excédentaires doivent être financés par les ventes excédentaires.

Démonstration : Cette règle découle du principe n° 5, selon lequel les achats sont financés par les ventes. Par définition, l'ensemble des achats est égal à l'ensemble des ventes. Par conséquent, les achats nets sont équivalents aux ventes nettes. Les vendeurs nets financent, directement ou indirectement (par l'intermédiaire du système financier), les achats nets. Dès que les achats nets sont financés par les ventes nettes, apparaissent des créances et des dettes. Les vendeurs excédentaires deviennent créanciers des acheteurs excédentaires. Les créances-dettes disparaissent lorsque les acheteurs nets deviennent vendeurs nets pour le même montant et remboursent leurs créanciers. Les créances et les dettes représentent des opérations purement financières.

Règle n° 2

Proposition : Dans une économie artisanale, la monnaie doit être introduite par les producteurs-échangistes.

Démonstration : Cette règle découle des 2°, 5°, 7° et 8° principes. La monnaie est un équivalent général, elle n'a pas de pouvoir d'achat légitime. La production est la source du revenu. Les producteurs-échangistes (travailleurs artisans) sont la cause de la production, donc le produit leur appartient et ce sont eux qui l'échangent sur le marché. Aussi la monnaie doit-elle être introduite dans cette économie par les producteurs-échangistes. Le producteur direct (artisan), par la vente de son produit, obtient la monnaie qui représente le prix de son produit et son droit sur les produits réalisés par d'autres producteurs-échangistes.
Il découle de cette règle que toute monnaie qui entre dans les échanges par d'autres acteurs que les producteurs-échangistes ou leurs ayants droit exerce un pouvoir d'achat illégitime. Dans ce cas, l'acheteur ne finance ses achats ni par ses ventes ni par le résultat des ventes excédentaires d'autres producteurs-échangistes.

Précision : Le non-respect de cette règle ne remet pas en cause le principe n°5. Si l'acheteur net se fait accorder un crédit qui n'a pas sa source dans le montant des ventes nettes, ce crédit lui permet d'exercer un pouvoir d'achat qui ne peut être qu'illégitime car il diminue d'autant le pouvoir d'achat réel des producteurs-échangistes qui, lui, est légitime. Ce cas met en cause le fonctionnement des institutions monétaires et financières, qui confondent alors monnaie et revenu monétaire (l'épargne des artisans).

Règle n° 3

Proposition : Dans une économie non salariale libre, un producteur doit obtenir son produit à la production pour l'échanger sur le marché.

Démonstration : Cette règle découle des 2°, 5° et 6° principes. La production est la source du revenu et le travail est la cause de la production ; par conséquent, le produit appartient au travailleur qui l'obtient à la production et l'échange sur le marché. S'il n'obtient pas son produit à la production, il se trouve dans un système de servage, un système esclavagiste ou assimilé. Il n'y a que dans un système de servage, système esclavagiste ou assimilé, que le travailleur n'obtient pas son produit ou son équivalent. Dans ce système, c'est la loi du plus fort qui s'impose et, dans ce cas, le travailleur n'est pas artisan puisque le produit de son travail est approprié par son maître ou assimilé. Par conséquent, le non-respect de cette règle ne remet pas en cause les principes de l'économie, il met en évidence le caractère injuste d'un système politique où s'impose la loi du plus fort.

3° Les principes de l'économie salariale

L'économie salariale fait apparaître deux phases, la phase de la production et la phase de l'échange. Ces deux phases doivent être distinguées, même si l'une est la conséquence de l'autre. Les principes de l'économie salariale concernent essentiellement la phase de la production. Les principes établis rationnellement sont immuables. Les règles déduites logiquement de ces principes concernent essentiellement la phase de l'échange. Elles régissent le fonctionnement harmonieux de l'économie et doivent donc être respectées. Elles sont nécessaires dans la phase de l'échange car, en l'absence de règles déduites des principes dans le respect de l'éthique scientifique (principes de l'économie établis rationnellement), les politiques et les institutions peuvent établir des règles sans fondement rationnel, des règles arbitraires, susceptibles de favoriser certaines catégories au détriment des autres, et c'est précisément l'application de règles arbitraires qui constitue la principale cause des prélèvements indus, des prélèvements illégitimes, des crises économiques, des crises financières et du dysfonctionnement de l'économie, dont le chômage et la misère relative ou absolue des travailleurs sont deux des manifestations. C'est pourquoi les règles déduites des principes doivent guider les responsables politiques et économiques lorsqu'ils établissent les règles de fonctionnement des institutions : ces règles doivent représenter une référence dans leur mission de contrôle du fonctionnement de l'économie de marché.

Principe n° 1

Proposition : La production seule permet de satisfaire les besoins économiques des individus.

Démonstration : Sans la production, il n'y a pas de produit et donc aucun besoin économique ne peut être satisfait.

Principe n° 2

Proposition : La production seule est source de revenu.

Démonstration : Sans la production, il n'y a ni produit ni revenu. Le produit résulte de la production. Le revenu représente la contrepartie du produit. Par conséquent, le revenu apparaît grâce à la production.

Nous l'avons vu, ces deux principes constituent les prémisses de l'économie.

Principe n° 3

Proposition : Dans une économie salariale, le revenu légitime se forme dès la production dans l'acte de la rémunération du travail, travail qui est la cause de la production. D'après ce principe, la rémunération du travail n'est pas un achat, elle constitue la formation du revenu.

Démonstration : Dans une économie salariale, par définition, les travailleurs n'obtiennent pas leur produit à la production. Dans un premier temps, ils obtiennent une rémunération qui représente la valeur monétaire de leur produit. En effet, la production étant la source du revenu, et le travail étant la cause de la production, il en résulte logiquement que la rémunération du travail représente la valeur du produit.
La rémunération du travail ne peut pas être considérée comme un achat car, d'une part, rémunérer le travail ne signifie pas se l'approprier, d'autre part, pour pouvoir exercer un pouvoir d'achat légitime, il faut avoir un revenu, or, d'après le principe n°2, le revenu n'existe pas avant la production.

Principe n° 4

Proposition : Dans une économie salariale, le revenu est à la fois réel et monétaire.

Démonstration : Ce principe découle des deux principes précédents. Les travailleurs sont la cause de la production. Dans une économie salariale, les travailleurs n'obtiennent pas leur produit à la production, ils obtiennent un revenu qui représente la valeur monétaire de leur produit et leur droit sur le produit. Le revenu est à la fois monétaire et réel, car le revenu monétaire représente le droit légitime sur le produit.

Principe n° 5

Proposition : La dépense du revenu monétaire formé à la production dans l'acte de la rémunération du travail a le pouvoir d'écouler sa contrepartie, le produit.

Démonstration : Le revenu monétaire légitime ayant sa source dans la production et représentant la valeur monétaire du produit, sa dépense dans les achats finals signifie l'écoulement du produit. Cette démonstration découle du deuxième principe.

Il résulte de ce principe et du principe précèdent que la dépense du revenu monétaire légitime dans les achats finals signifie la disparition du revenu monétaire légitime et la disparition économique de sa contrepartie, le produit.

Principe n° 6

Proposition : Le produit ne peut être approprié que par l'Homme, le revenu monétaire est donc formé dans l'acte de la rémunération du travail.

Démonstration : Ce principe découle des 1°, 2°, 4° et 5° principes. Les produits (les différentes sortes de capitaux) et la terre n'ont pas de besoins à satisfaire et ne peuvent pas, par définition, exercer de pouvoir d'achat, donc ils ne peuvent pas logiquement ni légitimement être rémunérés.

Principe n° 7

Proposition : L'économie salariale est une économie monétaire.

Démonstration : Ce principe découle du 3° principe : du fait que les travailleurs n'obtiennent pas directement leur produit à la production, ils obtiennent sa contrepartie sous forme monétaire.

Principe n° 8

Proposition : La monnaie, en tant que telle, n'est pas un pouvoir d'achat légitime, elle n'a pas de droit légitime sur les produits.

Démonstration : Sans la production, la monnaie ne peut exercer aucun pouvoir d'achat puisqu'il n'y a alors aucun produit à acheter. La monnaie est au service de la production et, si elle ne se transforme pas en revenu, elle n'a aucun droit légitime sur les produits.

Principe n° 9

Proposition : D'après le deuxième et le troisième principes, dans une économie salariale, la monnaie se charge d'un pouvoir d'achat légitime, elle devient revenu monétaire dans l'acte de la rémunération des services producteurs (que sont les travailleurs qui participent à la réalisation de la production).

Démonstration : Les travailleurs étant la cause de la production, leur rémunération représente la valeur monétaire de la production. C'est, en effet, dans l'acte de la rémunération des travailleurs que la monnaie devient un revenu ou pouvoir d'achat légitime, en obtenant un droit légitime sur les produits.

Principe n° 10

Proposition : Dans une économie salariale, le montant de monnaie qui monétise la production dans l'acte de la rémunération du travail est un montant nécessaire et suffisant dont la dépense sur le marché des produits permet d'écouler sa contrepartie, le produit.

Démonstration : Ce principe découle des principes n° 4 et 5. La rémunération du travail représente la valeur du produit. Le montant du revenu ainsi formé dès la production représente le droit légitime sur le produit. Par conséquent, le montant du revenu formé à la production est un montant nécessaire et suffisant pour écouler le produit. Le revenu national, formé à la production dans l'acte de versement des salaires, représente le produit national.

Principe n° 11

Proposition : Dans une économie salariale, la quantité de monnaie qui monétise la production dans l'acte de la rémunération du travail à chaque période n'a pas d'effet sur le pouvoir d'achat réel des travailleurs considérés dans leur ensemble.

Démonstration : Ce principe découle des principes précédents. Le revenu monétaire représente le revenu réel, le produit. Par conséquent, quelle que soit la quantité de monnaie qui monétise la production dans l'acte de la rémunération du travail, elle représente le revenu réel, le produit de la période considérée.

Principe n° 12

Proposition : Le profit normal (profit réalisé dans l'équilibre monétaire) représente la partie du revenu des travailleurs captée par les entreprises.

Démonstration : Ce principe découle des 2°, 3° et 5° principes. Le revenu monétaire est formé à la production dans l'acte de la rémunération des travailleurs et il représente la valeur monétaire du produit. Le produit est écoulé par la dépense du revenu dans les achats finals. Par définition, le profit apparaît au moment de l'échange, du fait de l'écart entre prix et coût de production, il est donc prélevé sur le revenu des travailleurs formé à la production.

Principe n° 13

Proposition : Le profit réalisé par la dépense du revenu (le profit réalisé dans l'équilibre monétaire, le profit normal) est à la fois réel et monétaire.

Démonstration : Ce principe découle des 4°, 11° et 12° principes. Le revenu est à la fois réel et monétaire. Le profit étant une partie du revenu captée par les entreprises, il est à la fois réel et monétaire. Le profit monétaire est donc destiné au marché des produits.

4° Les principales règles qui régissent le fonctionnement harmonieux (normal) de l'économie salariale

Règle n° 1

Proposition : Le revenu formé dans chaque pays ou dans un ensemble de pays à économie intégrée est destiné au marché des produits de ce pays ou de l'ensemble de pays à économie intégrée.

Démonstration : Cette règle découle des 1°, 3°, 4° et 5° principes. Le revenu monétaire représente le revenu réel, le produit. La dépense du revenu permet de satisfaire les besoins économiques. La dépense du revenu dans les achats finals permet non seulement d'écouler sa contrepartie, le produit, mais aussi et surtout elle permet aux entreprises d'un pays ou d'un ensemble de pays à économie intégrée de récupérer le montant de monnaie grâce auquel elles ont pu monétiser la production dans l'acte de la rémunération du travail.

Règle n° 2

Proposition : Dans une économie salariale, la monnaie nouvellement créée doit être destinée uniquement à la monétisation de la production dans l'acte de la rémunération des travailleurs qui participent à la réalisation de la production.

Démonstration : Cette règle découle des principes n° 3 et de 5 à 10. Pour que la monnaie se charge d'un pouvoir d'achat, pour qu'elle devienne un droit légitime sur les produits, elle doit se transformer en revenu. Elle se transforme en revenu dans l'acte de la rémunération des travailleurs.

Règle n° 3

Proposition : Dans une économie salariale, la monnaie nouvellement émise ne doit pas être dépensée sur le marché des produits. La dépense de la monnaie nouvellement émise sur le marché des produits exerce un prélèvement illégitime sur le pouvoir d'achat réel des travailleurs.

Démonstration : Cette règle découle des 3°, 4°, 8° et 9° principes. La monnaie nouvellement émise n'a pas de droit légitime sur les produits tant qu'elle n'a pas été transformée en revenu. Si elle est dépensée sur le marché des produits, elle exerce un pouvoir d'achat illégitime qu'elle prélève sur celui des titulaires de revenu en amputant une partie de leur pouvoir d'achat réel qui, lui, est légitime.

Précision n°1 : Le non-respect de cette règle ne remet pas en cause les principes de l'économie. Les prélèvements illégitimes exercés par la monnaie sont un vol « légitimé » par les institutions, essentiellement monétaires et financières, et par les responsables politiques et économiques qui défendent ces institutions, institutions dont le fonctionnement ne respecte pas les règles qui découlent des principes de l'économie. Ce sont donc les institutions, essentiellement monétaires et financières, et les responsables politiques et économiques qui sont responsables des prélèvements illégitimes.

Précision n°2 : Le fait que la monnaie puisse être dépensée sur le marché des produits trouve son origine dans l'idée selon laquelle la monnaie a un pouvoir d'achat libératoire, idée fallacieuse provenant de certains auteurs qui ont établi les règles arbitraires du fonctionnement des institutions monétaires. En fait, ce n'est pas la monnaie mais le revenu monétaire qui a un pouvoir d'achat libératoire.

Règle n° 4

Proposition : Dans une économie de production salariale, la rémunération des travailleurs ne doit pas être puisée dans le revenu monétaire, qui est un pouvoir d'achat positif (épargne et profit).

Démonstration : Cette règle découle des 3°, 4°, 5° et 9° principes. Le revenu monétaire est destiné à exercer son pouvoir d'achat sur les produits qui représentent sa contrepartie. La rémunération des travailleurs n'est pas un achat, en fait elle représente la formation du revenu. Si le revenu monétise, outre la contrepartie de son produit, une production encore à venir, il représentera deux productions de deux périodes différentes. Or, le revenu monétaire de chaque période est destiné à exercer son pouvoir d'achat sur les produits qui représentent sa contrepartie. Par conséquent, l'une des productions ne pourra pas être écoulée. C'est donc bien l'utilisation du revenu monétaire pour rémunérer les travailleurs qui devient ainsi l'une des principales causes de l'insuffisance de la demande globale, de la faillite de certaines entreprises et du dysfonctionnement de l'économie salariale, dont l'augmentation du chômage est l'une des principales manifestations.

Précision n°1 : Lorsqu'un pouvoir d'achat positif est utilisé pour monétiser la production dans l'acte de la rémunération du travail, il est utilisé en tant que monnaie, de ce fait, il disparaît en tant que revenu. D'après les 4° et 9° principes, lorsque le revenu monétaire disparaît, sa contrepartie, le produit, disparaît économiquement. Toutefois, du fait de cette disparition prématurée (due à cette façon d'utiliser un pouvoir d'achat légitime), certaines entreprises ne récupèrent pas la totalité du montant qui leur a permis de monétiser leur production dans l'acte de la rémunération du travail, c'est là la principale cause de l'apparition de l'insuffisance de la demande globale. Dans ce cas, le montant que certaines entreprises ne peuvent pas récupérer est égal au montant du revenu monétaire utilisé en tant que monnaie.

Précision n°2 : Le non-respect de cette règle ne remet pas en cause les principes de l'économie. Il met en cause le fonctionnement du système monétaire et financier actuel qui confond monnaie et revenu monétaire. Il met en cause aussi et surtout les dirigeants politico-économiques qui laissent le système monétaire et financier appliquer des règles arbitraires.

Règle n° 5

Proposition : Le profit monétaire est destiné à financer les investissements additionnels dans le pays ou dans l'ensemble de pays à économie intégrée où il est réalisé.

Démonstration : Cette règle découle des 2°, 3°, 12° et 13° principes ; dans chaque pays ou ensemble de pays à économie intégrée, le revenu est formé à la production sur les travailleurs et il représente la valeur monétaire du produit. Le profit monétaire représente la valeur monétaire de la partie du produit qui n'est pas appropriée par les travailleurs. Le profit monétaire étant prélevé sur le revenu, il diminue le pouvoir d'achat réel des travailleurs dans la période où il est réalisé, il constitue une sorte d'épargne forcée des travailleurs. Cette diminution du pouvoir d'achat réel devra être compensée dans les périodes à venir. Elle sera compensée grâce aux investissements additionnels qui favorisent l'amélioration de la productivité du travail, l'augmentation de la production et, donc, l'augmentation du pouvoir d'achat réel des titulaires de revenu, dans un pays ou dans un ensemble de pays à économie intégrée.
En outre, pour une technologie donnée, les investissements additionnels diminuent le nombre de chômeurs, ce qui augmente la

production et améliore le pouvoir d'achat réel dans la nation considérée ou dans l'ensemble des nations à économie intégrée. Par conséquent, le profit monétaire est une nécessité dans une économie d'évolution et il ne doit donc pas être distribué pour être dépensé sur le marché des produits de consommation. Cette façon d'utiliser le profit monétaire engendre la perte définitive d'une partie du pouvoir d'achat réel des travailleurs et représente une occasion manquée de réaliser directement des investissements additionnels qui permettraient d'améliorer la situation de l'emploi et le pouvoir d'achat réel dans l'économie considérée ou dans l'ensemble des économies intégrées.
Le respect de cette règle écarte l'une des principales causes des prélèvements indus qui apparaissent du fait de la distribution du profit monétaire.

Précision : Dans une économie salariale concurrentielle, le niveau de l'emploi dépend du niveau des investissements pour une technologie donnée.
Cette relation découle de deux exigences liées : l'exigence de la technologie et l'exigence de la concurrence. En ce qui concerne la première exigence, la technologie d'une période impose le nombre de travailleurs que les entrepreneurs doivent employer sur la quantité de capital existant. Exemple : un camion ne peut être conduit que par un conducteur à la fois. Quant à la seconde exigence, elle est inhérente à la réalité de l'économie concurrentielle, où sont écartées du système les entreprises qui réalisent un coût de production plus élevé que celui de leurs concurrentes du fait, par exemple, qu'elles ne respectent pas la première exigence.

Règle n° 6

Proposition : Dans un pays ou dans un ensemble de pays à économie intégrée, le système bancaire (dans son rôle d'institution monétaire) doit émettre uniquement la monnaie qui est destinée à monétiser la production dans l'acte de la rémunération des travailleurs.

Démonstration : Cette règle découle des principes n° 2, 3, 8 et 9. Elle doit régir le fonctionnement du système bancaire dans son rôle d'émetteur de monnaie. Le respect de cette règle écarte l'une des principales causes des prélèvements illégitimes.

Règle n° 7

Proposition : Le taux d'intérêt monétaire ne doit pas dépasser les frais de fonctionnement du système bancaire, frais qui concernent son rôle d'émetteur de monnaie.

Démonstration : Cette règle découle des 2° et 8° principes. La production seule est la source du revenu et la monnaie est au service de la production. Lorsque le système bancaire outrepasse cette règle, il exerce un droit de seigneuriage.

Précision : Le respect de cette règle évite que les entrepreneurs ayant réalisé un profit monétaire soient tentés de monétiser leur production par le profit. Le profit monétaire est un pouvoir d'achat positif, il est donc destiné au marché des produits, cf. 3° et 4° règles.

Règle n° 8

Proposition : Dans un pays ou dans un ensemble de pays à économie intégrée, le système bancaire (dans son rôle d'institution financière) ne doit prêter l'épargne qu'aux agents économiques qui exercent un achat net (achat qui dépasse leurs ressources propres de la période considérée).

Démonstration : Cette règle découle des principes n° 2, 3, 4, 5, et 8. L'épargne étant un pouvoir d'achat positif, elle est destinée au marché des produits car elle doit aussi écouler sa contrepartie et permettre ainsi aux entreprises de récupérer le montant de monnaie qui leur a servi à monétiser leur production dans l'acte de la rémunération du travail.

Règle n° 9

Proposition : Le taux d'intérêt financier ne doit pas dépasser la hausse des prix, les frais de la collecte de l'épargne et les frais de fonctionnement du système financier.

Démonstration : Cette règle découle des principes n° 2 et 3. Seule la production est source de revenu. Par conséquent, être épargnant n'octroie pas un droit légitime sur une partie du produit. Le non-respect de cette règle constitue une cause de prélèvements indus, mais ne remet pas en cause les principes de l'économie. La partie du produit qui n'est pas achetée par les titulaires de revenu légitime est achetée par les épargnants qui exercent, dans ce cas, des prélèvements indus.

Ces principes et ces règles ne sont pas fondés sur des hypothèses mais découlent d'un raisonnement rigoureux et de déductions logiques. La démarche que j'ai entreprise pour établir cette théorie économique, les principes de l'économie et les règles du fonctionnement normal de l'économie, n'est ni partisane, ni idéologique. Son objectif n'est donc pas d'établir un nouveau système économique, mais de présenter une économie universelle dont le fonctionnement respecte la liberté individuelle et ne fasse plus apparaître ni gagnants ni perdants, une économie dont tous les membres seraient à égalité.

Cette étude permet de constater des évolutions importantes, à plusieurs niveaux, par rapport aux analyses des auteurs de la théorie actuellement dominante. Premièrement, si les règles qui découlent des principes de l'économie étaient respectées, certains problèmes n'apparaîtraient plus ; c'est le cas, par exemple, d'un problème qui a préoccupé les auteurs de l'ensemble des courants de pensée, il s'agit de la répartition entre le salaire du travail, l'intérêt ou dividende du capital et la rente de la terre. Ce problème ne se poserait plus car, pour avoir un revenu légitime, il faut participer à la réalisation de la production. Or, ceux qui obtiennent l'intérêt, le dividende ou la rente ne les obtiennent pas du fait de leur participation à la réalisation de la production, c'est pourquoi de tels revenus doivent être considérés comme indus. Le respect de ces règles permettrait aussi d'écarter d'autres problèmes concernant, par exemple, la détermination du pouvoir d'achat de la monnaie, les politiques monétaires, les politiques des taux d'intérêt, etc. En fait, ce n'est pas la monnaie, mais le revenu qui a un droit légitime sur les produits. Ce résultat découle du fait que seule la production est source de revenu. Sans la production, il n'y a ni produit, ni revenu. Lorsque la monnaie est dépensée sur le marché des produits sans être transformée en revenu, elle exerce un pouvoir d'achat illégitime. Quant à la politique monétaire, elle deviendrait ainsi sans objet, car le montant du revenu formé à la production dans l'acte de la rémunération du travail est un montant nécessaire et suffisant pour écouler la totalité du produit. Les politiques des taux d'intérêt deviendraient elles aussi sans objet, car les variations des taux d'intérêt n'ont aucun effet sur la quantité des produits d'investissement que les entrepreneurs peuvent acheter, puisque cette quantité est déterminée à la production. Deuxièmement, le respect de ces règles permettrait d'écarter les maux qui frappent les économies nationales. Nous voulons parler des maux tels que, par exemple, le dysfonctionnement de l'économie, l'inflation-déséquilibre monétaire, qui engendre les prélèvements illégitimes et indus responsables de la misère relative des travailleurs qui sont pourtant eux-mêmes la cause de la production. Le respect de ces règles permettrait de réaliser un développement soutenu et régulier. Troisièmement, l'application de ces règles permettrait de résoudre certains problèmes tels que, par exemple, la réalisation du profit dans l'équilibre monétaire, le financement des investissements nets dans l'équilibre monétaire par le profit et l'épargne, etc. Quatrièmement, la connaissance de ces principes et de ces règles permettrait d'établir et donc d'éviter les causes de la persistance, de l'apparition et du développement du chômage. Cinquièmement, la connaissance de ces principes et de ces règles et leur application écarteraient une certaine vision de l'économie qui découle d'analyses sans fondement rationnel, il en est ainsi, par exemple, de la lutte des classes[13].

[13] Il n'y aura plus de lutte des classes lorsque seront écartées les causes des prélèvements indus et illégitimes et les causes du dysfonctionnement de l'économie, autrement dit, lorsque les règles qui découlent logiquement des principes établis rationnellement seront respectées.

Dans une économie dont le fonctionnement est régi par les règles qui sont déduites logiquement des principes établis rationnellement, l'objectif n'est pas de produire pour réaliser des profits afin de les distribuer en partie ou en totalité aux actionnaires et de payer les intérêts des emprunts. Dans une telle économie, l'objectif doit être de mutualiser les profits afin que, selon les critères établis et selon les indicateurs du marché (les pertes et profits, le taux de profit, etc.), ces profits permettent aux entreprises de financer leurs investissements.

L'application de ces règles constitue l'une des prérogatives de l'Etat dans son rôle concernant l'économie politique, ce que nous verrons dans la section suivante.

IX. Economie politique et politique économique

L'économie et la politique sont liées, cela pour deux raisons qui permettent de déterminer le rôle et la responsabilité des dirigeants politico-économiques dans le domaine de l'économie.

Dans un pays organisé, l'Etat est responsable du fonctionnement de l'économie. Aussi l'application des règles de fonctionnement de l'économie constitue-t-elle l'une de ses attributions. L'application de ces règles concerne le rôle de l'Etat dans le domaine de l'économie politique. Mais l'Etat a également la possibilité de prendre des décisions dans les domaines économique et social. Précisons qu'actuellement la politique économique est centrée essentiellement sur les décisions susceptibles d'influencer favorablement l'évolution économique, mais elle doit aussi et surtout faire face au fléchissement de l'économie, à la récession, à la crise économique, à la crise financière, etc. L'Etat peut prendre des décisions ou orienter les décisions concernant la protection sociale. Ces décisions et leur application concernent le rôle de l'Etat dans le domaine de la politique économique et de la politique sociale. Ainsi, dans le domaine de l'économie, les deux rôles de l'Etat concernent l'économie politique et la politique économique. L'Etat se doit d'assumer le premier de ces deux rôles, qui constitue l'une de ses attributions. Pour ce qui est du second rôle, il n'est pas moins important mais dans ce domaine les actions et interventions de l'Etat sont influencées par l'école de pensée qui guide les actions économiques des dirigeants, par la dépendance ou l'indépendance des dirigeants vis-à-vis des lobbies et par toutes sortes d'influences ou d'interventions intéressées, par la volonté des dirigeants, par l'ambition qu'ils ont pour leur pays et ses habitants. L'Etat se doit d'intervenir aussi dans le domaine économique lié au social, pour faire face aux circonstances ou situations économiques qui peuvent avoir des conséquences sociales préoccupantes.

Certains auteurs parlent surtout des rôles régaliens de l'Etat concernant la sécurité extérieure, la sécurité intérieure et la justice (armée, police et justice). Ils préconisent que l'Etat ne dépasse pas ses rôles régaliens, s'attachant essentiellement aux rôles sécuritaires de l'Etat. Or, ils passent sous silence deux éléments importants et liés : il s'agit des inégalités économiques et sociales pour le premier, de l'éducation et de la protection sociale pour le second, l'un étant à l'origine des problèmes, l'autre étant à même de leur trouver des solutions. L'un se trouve être à l'origine de certains conflits générateurs d'insécurité intérieure et extérieure, tandis que l'autre créerait les conditions susceptibles d'écarter certaines causes de conflits entre les pays. 1° Les partisans des rôles régaliens de l'Etat ne cherchent pas à connaître les véritables causes des conflits qui surviennent à l'intérieur d'un pays et entre les pays. Or, les inégalités économiques et donc sociales constituent la principale cause de conflits à l'intérieur même d'un pays, tandis que la convoitise et le pillage de certains pays par d'autres constituent les principales causes de conflits entre les pays. 2° Ils ne cherchent pas à établir les conditions de la réalisation de l'égalité des chances, au moins dans les deux domaines que sont, d'une part l'éducation et la formation, qui favorisent l'évolution économique et qui, dans certaines conditions, ouvrent la voie à l'ascenseur social, d'autre part la protection devant les risques liés aux aléas de la vie.

D'autres auteurs (souvent les mêmes) pensent que le marché est le meilleur régulateur du fonctionnement de l'économie et que, par conséquent, l'Etat ne doit pas intervenir dans l'économie. Ils proposent donc de laisser le marché jouer son rôle de régulateur. Or, trois problèmes se posent à ce sujet. Le premier est de savoir comment et par qui sont déterminées les règles de fonctionnement du marché. Le marché peut-il déterminer les règles de son propre fonctionnement ? Le deuxième problème est de savoir si le marché est à même de déterminer les causes des crises économiques et financières, les causes du dysfonctionnement de l'économie, les causes des inégalités économiques, etc. Le troisième problème enfin est de savoir si l'on peut considérer que le marché joue véritablement son rôle de régulateur de l'économie lorsque, pour assainir la situation afin de faire face au dysfonctionnement de l'économie, aux crises économiques et aux crises financières, les entrepreneurs sont obligés de recourir aux licenciements, au chômage partiel, au temps partiel, aux délocalisations, etc. Ces décisions ne sont-elles pas les conséquences de leurs actes et donc de la défaillance du marché tel qu'il fonctionne actuellement ?

En fait, le marché tel qu'il fonctionne actuellement est dans l'incapacité de distinguer la dépense du revenu monétaire de la dépense de la monnaie sur le marché des produits. De ce fait, il se trouve dans l'impossibilité de distinguer les achats légitimes des achats indus et illégitimes. Le marché ne peut pas distinguer la rémunération des travailleurs par la monnaie de la rémunération des travailleurs par le revenu monétaire. De ce fait, il est dans l'impossibilité de déterminer l'une des causes du dysfonctionnement de l'économie, dont l'aggravation de la situation de l'emploi constitue l'une des manifestations. Le marché est dans l'incapacité de déterminer la véritable destination du profit. Le profit est-il destiné à être distribué ? Le profit est-il destiné à rémunérer les travailleurs ? Le profit est-il destiné à la spéculation ? Le profit est-il destiné uniquement à financer les investissements ? En réalité, le profit représente une partie du revenu des travailleurs captée par les entreprises, il représente l'épargne forcée des travailleurs, il est donc destiné à financer les investissements, tandis que le profit distribué et dépensé sur le marché des produits de consommation exerce un pouvoir d'achat indu et il constitue l'une des causes des inégalités économiques et donc sociales. Le profit utilisé pour la rémunération des travailleurs peut constituer l'une des causes de l'apparition de l'insuffisance de la demande globale et donc l'une des causes du dysfonctionnement de l'économie. Durant la période où le profit est destiné à la spéculation apparaît une insuffisance de la demande globale aux conséquences néfastes. Toutes ces conséquences néfastes sont dues au fait que le fonctionnement du marché est régi par des règles arbitraires. Par conséquent, même si le marché permet de constater les faits, tels que le dysfonctionnement, les crises économiques et financières, il se trouve dans l'impossibilité de déterminer, afin de les écarter, les causes qui les ont engendrés.

Pour toutes ces raisons et d'autres encore, sur un marché, même libre et concurrentiel, sans règles ou régi par des règles arbitraires, c'est la loi du plus fort qui s'impose. Un marché sans règles ou régi par des règles arbitraires ne peut donc en aucune façon jouer un rôle de régulateur de l'économie.

Pourquoi existaient et existent encore les situations suivantes : l'exploitation, la pauvreté relative ou absolue des travailleurs même dans les pays dits riches, les périodes de sous-emploi succédant aux périodes de plein-emploi, la précarité, l'incertitude, les inégalités économiques et donc les inégalités sociales, les crises économiques et financières périodiques, les prélèvements indus et illégitimes, le pillage de certains pays par d'autres pays, etc. ? Ces situations ne sont pas des fatalités. Elles sont les conséquences de l'application des règles arbitraires qui ont régi et qui régissent encore actuellement le fonctionnement de l'économie.

La démocratie repose sur le respect de la liberté et de l'égalité des citoyens. Certains, notamment les juristes, interprètent l'égalité des citoyens dans une démocratie comme l'égalité devant la loi. Cette égalité est très importante, mais elle n'est pas suffisante dans une véritable démocratie, où d'autres égalités doivent pouvoir être assumées. Peut-on considérer le régime politique d'un pays qui se dit démocratique comme véritablement démocratique lorsque dans ce pays l'égalité des chances, au moins au départ, n'est pas offerte à tous, lorsque l'égalité des chances devant les aléas de la vie n'est pas assurée pour tous, lorsque n'est pas assurée l'égalité des chances visant à ce que chacun puisse obtenir une part du produit selon sa participation à la réalisation de la production, lorsqu'apparaissent des gagnants et des perdants ? En fait, nous retrouvons ici les deux rôles que l'Etat doit jouer afin de favoriser les conditions de la réalisation de la démocratie dans le domaine économique et dans le domaine social.

Dans une véritable démocratie, c'est l'Etat qui doit assumer les conditions de la réalisation de l'égalité des chances, au moins au départ, et de l'égalité des chances devant les aléas de la vie ; c'est là la part du rôle que l'Etat doit assumer concernant les politiques économiques. Pour ce qui est de l'économie politique, c'est aussi à l'Etat que revient la responsabilité de l'application des règles économiques. L'application des règles de fonctionnement de l'économie incombe donc aux dirigeants politico-économiques, ce qui signifie qu'ils sont coresponsables (avec ceux qui ont établi les règles arbitraires), conscients ou inconscients, des conséquences néfastes du mauvais fonctionnement de l'économie, qui engendre l'apparition de gagnants et de perdants. Cette situation est la conséquence et l'élément révélateur de l'existence de règles arbitraires dont l'application ne permet pas à chacun d'obtenir la part du produit qui lui revient selon sa participation à la réalisation de la production. Dans un pays où le fonctionnement de l'économie est régi par des règles arbitraires, les lobbies fleurissent pour imposer d'autres règles arbitraires afin de favoriser les catégories qu'ils défendent au détriment de la majorité de la population. En fait, pour que la démocratie s'applique aussi dans le domaine de l'économie, il faut écarter les règles arbitraires et mettre en place les règles dont l'application ne fait apparaître ni gagnants, ni perdants. La politique est l'art et la pratique du gouvernement. Dans le cadre d'une véritable démocratie, l'art et la pratique du gouvernement passent aussi par l'application des règles qui découlent des principes de l'économie établis rationnellement.

Pour la clarté de la démonstration, je vais donner une synthèse des objectifs de l'économie politique et de la politique économique ainsi que des rôles de l'Etat dans ces domaines.

1° *Economie politique*

L'objectif de l'économie politique est de faire respecter les règles de fonctionnement de l'économie. Mais il existe plusieurs sortes de règles : les « règles » qui découlent de la coutume ; les « règles » arbitraires imposées par les autorités politiques et économiques et dont l'objectif est le plus souvent partisan ; les règles qui découlent des théories économiques sans fondement rationnel et qui se révèlent être partisanes (dans certains cas pour justifier et légitimer les situations établies) et donc arbitraires et enfin les règles qui découlent des principes de l'économie déduits d'une théorie économique établie rationnellement. L'un des principaux critères qui permettent de savoir que les règles appliquées ne sont pas arbitraires, ne sont pas partisanes, ne défendent pas des situations établies, critères qui doivent interpeller les dirigeants politiques et économiques, est le suivant : chacun obtient une part du produit selon sa participation à la réalisation de la production. Cette exigence découle du fait que seule la production permet de satisfaire les besoins économiques des individus et qu'elle est la seule source du revenu. Il résulte de ces prémisses de l'économie que, pour obtenir un revenu, un droit légitime sur les produits, il faut participer à la réalisation de la production.

Actuellement, à l'intérieur d'un pays et entre les pays qui participent aux échanges internationaux apparaissent des gagnants et des perdants. Cet état de fait est l'une des conséquences de l'application des règles arbitraires qui régissaient et qui régissent encore actuellement le fonctionnement de l'économie. Or, nous l'avons vu, les règles du fonctionnement normal de l'économie existent. Il revient aux dirigeants politico-économiques, dans leur rôle concernant l'économie politique, de les faire appliquer afin d'écarter les conséquences néfastes dues à l'application des règles arbitraires.

2° *Politique économique*

Le véritable objectif des décisions des dirigeants politico-économiques dans le domaine des politiques économiques doit être d'établir ou de rétablir les conditions qui favorisent la réalisation d'une meilleure satisfaction des besoins économiques de l'ensemble des membres de la société. Nous devons ajouter que ces décisions doivent être prises dans le respect de l'environnement et de la préservation des ressources naturelles afin que l'avenir du vivant[14] ne soit pas mis en danger.

L'Etat est un producteur de services essentiellement non marchands. Non seulement il assure les services qui lui permettent d'assumer ses rôles régaliens, mais il peut aussi assumer des services aptes à favoriser l'égalité des chances et à stimuler l'évolution économique. En outre, il intervient dans le domaine de l'économie pour faire face aux insuffisances du marché, ou encore pour corriger les défaillances du marché, par exemple, pour faire face aux crises économiques et financières. Or, ces insuffisances et défaillances du marché sont les conséquences de l'application de règles arbitraires, comme nous l'avons vu.

D'une façon générale, on peut dire qu'actuellement les politiques économiques englobent les politiques de relance, les politiques fiscales, les politiques monétaires, les politiques des revenus, les politiques industrielles, les politiques de l'éducation, de la formation et de la recherche, les politiques de la protection sociale, etc. Si l'on veut y voir plus clair, on peut classer les actions et interventions de l'Etat dans le domaine de l'économie en trois grandes catégories : (i) les actions nécessaires afin de favoriser les conditions de la réalisation de l'égalité des chances et de l'évolution économique, (ii) les actions volontaristes dont l'objectif est d'ouvrir de nouvelles perspectives, (iii) les interventions contraintes pour faire face aux conséquences néfastes de l'application de règles arbitraires.

Les possibilités et nécessités des interventions de l'Etat en économie sont donc multiples. Nous distinguerons essentiellement huit sortes d'actions et d'interventions.

Premièrement, les politiques de l'enseignement, de la formation et de la recherche jouent un rôle prépondérant quant à l'avenir

---

[14] Cf. Elie Sadigh 2008, *Le Développement durable et équitable*, Ed. L'Harmattan.

économique et social d'un pays. Le niveau de l'enseignement, de la formation et de la recherche constitue l'un des éléments propres à déterminer le niveau de l'évolution économique. En outre et surtout, l'enseignement et la formation généralisés et gratuits permettent d'assurer une certaine égalité des chances, au moins au départ. Enfin, la recherche a un rôle prépondérant à jouer pour améliorer les conditions de vie, pour favoriser l'évolution économique et aussi pour faire face au gaspillage des ressources naturelles, à la pollution, etc.

Deuxièmement, les politiques économiques nécessaires dont l'objectif est de favoriser et de faciliter les conditions de la réalisation de l'évolution de l'économie : ce sont les politiques économiques qui créent, favorisent ou améliorent les infrastructures telles que, par exemple, les routes, les chemins de fer, les télécommunications, les aéroports, etc.

Troisièmement, les politiques économiques volontaristes dont les conséquences portent sur le court, le moyen et le long termes, telles que, par exemple, les politiques agricoles et industrielles. Ces politiques ont pour objectif d'ouvrir de nouvelles perspectives pour l'avenir d'un pays ou d'un ensemble de pays.

Quatrièmement, les politiques volontaristes de protection sociale ont essentiellement pour objectif d'aider les gens à faire face aux aléas de la vie. L'égalité des chances face aux aléas de la vie est réalisée ou non, d'une part selon qu'il existe ou non une protection sociale, d'autre part selon la façon dont la protection sociale est organisée et financée, enfin selon que les conditions de sa pérennité sont garanties ou non par les autorités publiques.

Cinquièmement, les politiques économiques volontaristes concernent la planification. Pour les pays en développement, dont les pays africains, la planification peut jouer un rôle important. Elle doit permettre non seulement de réaliser un développement harmonieux, mais aussi et surtout de fixer les objectifs de l'évolution économique compte tenu des possibilités humaines, financières, techniques, etc. de chaque pays. Elle permet de limiter les incertitudes et le hasard.

Sixièmement, les politiques fiscales peuvent avoir un rôle à jouer et elles ont plusieurs objectifs. Pour certains auteurs et hommes politiques, elles ont pour rôle de financer les actions régaliennes de l'Etat. Elles peuvent avoir pour objectif de favoriser, dans plusieurs domaines, les conditions de la réalisation de l'égalité des chances. Elles peuvent avoir pour objectif de diminuer les écarts de revenus. Elles peuvent avoir pour objectif de faire face aux difficultés économiques du pays. Ces deux dernières interventions sont nécessaires du fait que le fonctionnement de l'économie est régi par des règles arbitraires.

Septièmement, les politiques économiques contraintes, elles, sont dues au fait que le fonctionnement de l'économie est régi par des règles arbitraires. L'objectif de ces politiques est de faire face au fléchissement de l'économie, à la récession, aux crises économiques et financières. Certains auteurs et dirigeants politico-économiques pensent et font croire que l'on peut faire face à ces situations par des politiques dites de relance. Or, ces politiques ne s'attaquent pas aux racines des maux qui les ont engendrées, de ce fait, leurs conséquences sont soit nulles, soit de portée limitée, ou pire encore, certaines de ces politiques ont des conséquences néfastes puisqu'elles aggravent les inégalités économiques qui engendrent l'injustice sociale et préparent les conditions d'une nouvelle apparition des fléchissements, des récessions, des crises économiques et financières.

Huitièmement, les politiques monétaires contraintes, elles aussi, sont dues au fait que le fonctionnement du système bancaire actuel est régi par des règles arbitraires. La confusion entre monnaie et revenu monétaire constitue l'une des conséquences d'un tel fonctionnement. Le fonctionnement du système bancaire actuel est responsable des prélèvements illégitimes, des crises financières et du dysfonctionnement de l'économie, qu'aucune politique monétaire ne peut écarter. C'est pourquoi une réforme du système bancaire est nécessaire[15].

---

[15] Dans mon ouvrage intitulé : *Economie politique et politique économique*, Ed. L'Harmattan (2009), j'ai proposé une réforme du système monétaire et financier national.

X. Brevets et royalties

Enfin, le moment est venu d'attirer l'attention sur un problème qui passe généralement inaperçu mais qui concerne au premier chef les pays en développement : il s'agit de l'existence des brevets, dans certains cas, et surtout des royalties, exemple qui permet de montrer clairement comment, par des conventions et règles arbitraires mais compatibles avec la théorie économique actuellement dominante, il est possible de favoriser certaines catégories à l'intérieur d'un même pays et, à travers plusieurs pays, au détriment d'autres catégories et/ou d'autres pays. Les brevets (lorsqu'ils sont considérés comme des marchandises) ne sont pas compatibles avec les objectifs de l'économie et de la science et les royalties ne sont pas compatibles avec les règles qui découlent des principes de l'économie ni avec l'objectif de l'économie.

L'objectif de l'économie, rappelons-le, est de satisfaire les besoins économiques des individus. Toute entrave, même financière, qui empêche la pleine réalisation de cet objectif doit être dénoncée pour être écartée. Or, l'existence des brevets, lorsqu'ils sont considérés et étudiés comme des marchandises, et surtout des royalties, constitue une entrave à la réalisation de cet objectif. En fait, les brevets qui résultent de la recherche scientifique font partie du savoir, qui ne doit être ni considéré ni étudié comme une marchandise.

L'existence de brevets et de royalties constitue l'une des causes de l'évolution à deux vitesses de l'économie des pays. En effet, cette situation fait apparaître deux ensembles de pays : les pays qui ont la possibilité de financer et donc d'employer les nouvelles technologies et les autres. Cette évolution de la production à deux vitesses est l'une des causes de l'aggravation des écarts de développement entre ces deux ensembles de pays.

Le savoir, dont résultent les découvertes scientifiques, constitue l'un des éléments du patrimoine universel de l'humanité. Le savoir et les découvertes scientifiques font partie des éléments qui favorisent l'évolution économique. Toute restriction d'accès au savoir et aux découvertes scientifiques (par une sélection financière ou autre) constitue une discrimination, écarte l'égalité des chances, engendre des inégalités et donc a des conséquences fâcheuses pour les personnes et pour les pays qui n'ont pas les moyens financiers d'accéder au savoir ou d'acheter les résultats de ces découvertes.

Or, les pays en développement ont besoin d'accéder sans restriction à ces résultats afin de favoriser leurs industries, de diminuer le chômage et, donc, d'améliorer le niveau de vie de leur population, afin peut-être aussi de diminuer l'utilisation et le gaspillage des ressources naturelles. C'est cette évolution qui, si elle s'accomplit, sera susceptible de diminuer les flux d'émigration dont l'origine est à rechercher dans les difficultés économiques de ces pays.

La science est au service de l'homme et son principal objectif est l'amélioration des connaissances. Par conséquent, le savoir, les connaissances et les résultats de la recherche ne doivent pas être considérés comme des marchandises, ils doivent être mis à la disposition de l'ensemble de la population dans le monde, sans aucune restriction.

Les dirigeants de tous les pays doivent être capables de dépasser tout objectif mercantile afin de favoriser la recherche et le développement de l'ensemble des pays du monde et afin de favoriser partout la réalisation des objectifs de l'économie et de la science. Ils doivent savoir que la réalisation de ces objectifs constitue l'un des éléments les plus aptes à favoriser la réalisation de l'enrichissement mutuel et l'entente pacifique entre les nations.

TABLE DES MATIERES

CHAPITRE II

CHAPITRE III

)u même auteur :

MONETA E PRODUZIONE (1988) : ouvrage collectif. Giulio Einaudi Editore. Collection Scientifica Einaudi.

.A RENTE FONCIERE (1990) : ouvrage collectif. Ed. adef (Association des Etudes Foncières).

CRISE ET DEPENSE DU PROFIT (1994) ; préfacé par Augusto GRAZIANI, professeur à l'Université de Rome La Sapienza : Ed. LATEC. Centre national de la recherche scientifique. Université de Bourgogne.

LA THEORIE ECONOMIQUE DOMINANTE :
UN SIECLE D'IMPOSTURE (1998) ; Ed. L'Harmattan

PRINCIPES DE L'ECONOMIE SALARIALE (1999) : Ed. L'Harmattan

DU LIBERALISME OU DE LA LOI DU PLUS FORT A L'ECONOMIE POLITIQUE (2001) : Ed. L'Harmattan

VALEUR, PRIX ET CAPITAL (2002) : Ed. L'Harmattan

ETUDE ECONOMIQUE ET GEOPOLITIQUE DU DEVELOPPEMENT (2003) :
Ed. L'Harmattan

PLEIN-EMPLOI, CHÔMAGE : Synthèses critiques et propositions (2003) ;
Ed. L'Harmattan

LA PROPRIETE: LE PROPRE, L'APPROPRIATION (2004) : ouvrage collectif. Ed. Ellipses

THE MONETARY THEORY OF PRODUCTION
Tradition and perspectives (2005) ; ouvrage collectif. Ed. Palgrave Macmillan

METHODOLOGIES ECONOMIQUES ET ETHIQUE
SCIENTIFIQUE (2006) : Ed. L'Harmattan

DELOCALISATIONS, CHÔMAGE : *Les remèdes* (2006) : Ed. L'Harmattan

ORGANISATION MONDIALE DU COMMERCE : *La supercherie* (2007) :
Ed. L'Harmattan

DES INEGALITES ECONOMIQUES AUX INEGALITES SOCIALES : *Propositions pour un monde plus juste.* (2008) ; Ed. L'Harmattan

LE DEVELOPPEMENT DURABLE ET EQUITABLE : (2008) : Ed. L'Harmattan

ECONOMIE POLITIQUE ET POLITIQUE ECONOMIQUE : *Pour une économie sans crise* : (2009) : Ed. L'Harmattan

L'HARMATTAN, ITALIA
Via Degli Artisti 15 ; 10124 Torino

L'HARMATTAN HONGRIE
Könyvesbolt ; Kossuth L. u. 14-16
1053 Budapest

L'HARMATTAN BURKINA FASO
Rue 15.167 Route du Pô Patte d'oie
12 BP 226 Ouagadougou 12
(00226) 76 59 79 86

ESPACE L'HARMATTAN KINSHASA
Faculté des Sciences Sociales,
Politiques et Administratives
BP243, KIN XI ; Université de Kinshasa

L'HARMATTAN GUINEE
Almamya Rue KA 028 en face du restaurant le cèdre
OKB agency BP 3470 Conakry
(00224) 60 20 85 08
harmattanguinee@yahoo.fr

L'HARMATTAN COTE D'IVOIRE
M. Etien N'dah Ahmon
Résidence Karl / cité des arts
Abidjan-Cocody 03 BP 1588 Abidjan 03
(00225) 05 77 87 31

L'HARMATTAN MAURITANIE
Espace El Kettab du livre francophone
N° 472 avenue Palais des Congrès
BP 316 Nouakchott
(00222) 63 25 980

L'HARMATTAN CAMEROUN
Immeuble Olympia face à la Camair
BP 11486 Yaoundé
(237) 458.67.00/976.61.66
harmattancam@yahoo.fr

L'HARMATTAN SENEGAL
« Villa Rose », rue de Diourbel X G, Point E
BP 45034 Dakar FANN
(00221) 33 825 98 58 / 77 242 25 08
senharmattan@gmail.com

www.ingramcontent.com/pod-product-compliance
Lightning Source LLC
LaVergne TN
LVHW021229061026
849535LV00008B/2994
* 9 7 8 2 2 9 6 1 0 5 6 1 4 *